Gerd Lichtenauer • Das Volk der Titanen

W0072212

Gerd Lichtenauer

Das Volk der Titanen

Die Vorindogermanen –
Kultur, Sprache und Wissenschaft

FRIELING

Die Deutsche Bibliothek – CIP-Einheitsaufnahme

Lichtenauer, Gerd:

Das Volk der Titanen : die Vorindogermanen – Kultur, Sprache und
Wissenschaft / Gerd Lichtenauer. – Orig.-Ausg.,
1. Aufl. – Berlin : Frieling, 1998
ISBN 3-8280-0661-2

© Frieling & Partner GmbH Berlin
Hünefeldzeile 18, D–12247 Berlin-Steglitz
Telefon: 0 30 / 76 69 99-0

ISBN 3-8280-0661-2
1. Auflage 1998
Umschlaggestaltung: Michael Reichmuth
Bildnachweis: Gerd Lichtenauer
Satz & Scans: Satz- und Verlagsservice Ulrich Bogun, Berlin

Meiner Frau und Mitarbeiterin
Eva-Marie gewidmet

Inhalt

Vorwort

Diese Schrift versucht, eine Kultur aufzudecken, die vor den Indogermanen unsere Erde umspannte, die in Vergessenheit geraten ist und die sich nur in geographisch weit voneinander getrennten Räumen, scheinbar ohne ersichtlichen geschichtlichen Zusammenhang, gewissermaßen in einem Dämmerzustand erhalten hat. Einen ersten Hinweis auf die Existenz einer solchen Kultur geben sprachwissenschaftliche Untersuchungen. Eine sprachliche Verwandtschaft des Sumerischen mit dem Baskischen deutet darauf hin, daß diese Völker eine gemeinsame kulturelle Wurzel haben, die sich von dem Fundament anderer Sprachgruppen, z. B. dem der Indogermanen, deutlich unterscheidet. Die Betrachtung der geistigen Lebensäußerungen wie der Symbolik, Religion, Baukunst und Wissenschaft dieser Völker geben eine Vorstellung davon, daß es sich um eine Hochkultur handelte, die der heutigen nicht nur nicht nachstand, sondern sie sogar übertraf. Sie muß durch eine Naturkatastrophe ausgelöscht worden sein, so daß nur Splitter überdauert haben. Da lediglich unzusammenhängend erscheinende Reste erkennbar sind, kann das Ergebnis der Untersuchung nur unvollständig sein. Die Forschung erschwerend, kommt dazu, daß die Zivilisationen der jüngeren Generationen so tief in das Bewußtsein eingedrungen sind, daß Errungenschaften der indogermanischen Kultur zugerechnet werden, die bereits viel früher erdacht und ausgebildet worden sind.

Nach der Legende wurden die Basken von der „Mutter Erde" geboren. Es heißt auch, daß sie von Tobel, dem Enkel Noahs, abstammen und mit den Iberern verwandt seien. Iberer gibt es auch im Kaukasus, daher besteht auch eine sprachliche Verwandtschaft mit einigen kaukasischen Völkern, z. B. mit den Abchasen. Sie zählen mit Recht zu den ältesten Völkern der Erde. Die Basken – auch Vasken genannt – nennen sich selbst Eskualdun, und das Land, in dem sie wohnen, heißt Eskualherri. Ihre Sprache, das Eskuara, empfindet ein Indogermane als schwierig; denn es ist eine sogenannte agglutinierende Sprache, d. h. alle Hinweise auf Ort, Herkunft, Ausgangspunkt einer Bewegung, Bezeichnung der Zusammengehörigkeit und viele andere Attribute werden um das Hauptwort als Silben gruppiert. Im Baskischen werden dadurch die Sätze völlig anders aufgebaut als in einer indogermanischen Sprache, was die Verständigung so schwierig macht. Trotzdem hat das Baskische einen Einfluß auf unsere Sprache gehabt, so heißt Aitz zum Beispiel der Stein und Aitzkorn oder Azkorn die Axt. Daraus ist zu entnehmen, daß unsere „Axt" ein Steinbeil ist und im Baskenland entwickelt wurde.

Von der vorchristlichen Religion ist wenig bekannt. In Erinnerung geblieben ist Mari, deren ehemaliger Name Maya war. Mari war ein weiblicher Geist, der viele Aufgaben erfüllte. Sie wurde als oberste Gottheit angesehen, sie war also die „Große Mutter". Ihre Behausung lag im Innern der Erde, sie war also auch die „Mutter Erde". Von den Gestalten der baskischen Mythologie leben im Volksglauben Basa-Jaun, der Wilde Herr, der Meister der Natur, und Jentilak. Auch dieser entstammt der Zeit des Neolithikums, also der Zeitspanne, die Thema dieses Buches sein soll. Er war ein Bewohner des Hochgebirges und konnte Felsen über weite Entfernungen werfen [2/3].

Während wir die heutigen Basken gewissermaßen persönlich kennen, wenn auch nicht die aus der uns interessierenden Epoche, wissen wir von den Sumerern nur aus zweiter Hand. Dieses Wissen befaßt sich mit einem Volk, das am Ende des 4. Jahrtausends im Mündungsgebiet von Euphrat und Tigris in der Historie erscheint und etwa zu Beginn des ersten vorchristlichen Jahrtausends in die benachbarten semitischen Babylonier und Assyrer aufging. Ihre Sprache, das Sumerische, wurde etwa im 19. Jahrhundert v. Chr. vom Akkadischen verdrängt und in Babylonien nur als „tote Sprache" an Schulen gelehrt. Die offizielle Meinung ist, daß diese Sprache keiner anderen Sprache verwandt gewesen sei. Das ist nicht richtig, denn wie nachgewiesen werden kann, gehört sie mit dem Baskischen, Tibetischen und einigen kaukasischen Sprachen in eine gemeinsame Familie. Dazu gehört vermutlich das altägyptische, nicht aber das dynastische Ägypten. Auch ist unbekannt, von wo aus die Sumerer nach Mesopotamien eingewandert sind. Viele Anzeichen sprechen aber dafür, daß sie mindestens teilweise in Europa ansässig waren, und zwar dort, wo die Megalithkultur beheimatet war. So sind z. B. auch in Griechenland sumerische Anklänge bei den Ortsnamen und der Mythologie zu finden.

Die Sumerer haben z. T. die Grundlagen zur abendländischen Kultur geschaffen, so das Recht, die Astronomie, die Mathematik und damit letztlich auch die moderne Physik. Ob allerdings Mathematik und Physik zu einer sinnvollen Kultur führen, kann nach der neuesten Entwicklung der Physik angezweifelt werden; denn die Welt kann auch anders und zudem vielleicht tiefgründiger als mathematisch betrachtet werden.

Die Mythologie der Griechen überliefert eine noch ältere Götterwelt, die sie Titanen nannten. Hierzu gehören die Ureltern Uranus und Gaia, deren Namen sich in die oberen beschriebenen Sprachen einfügen. Mit ihnen verbunden ist z.B. auch der Todesdämon Ker, auf den unten näher eingegangen wird. Ob die nach der griechischen Sage zu den Titanen gezählten Ungeheuer, die Graien, einbezogen werden müssen, ist aus sprachlichen Gründen anzuzweifeln. Vermutlich sind sie älter; denn sie kamen bereits als „alte Frauen" zur Welt. Sie wurden wahrscheinlich mit anderen Wesen aus einer noch älteren Kultur übernommen. Es ist nicht die Aufgabe dieser Arbeit, die Titanen zu ordnen. Der Name des Volkes oder der Völker, zu deren Religion die Titanen gehören, sind nicht bekannt, daher werden sie im folgenden mit Vorindogermanen bezeichnet.

Die Chronologie der Historie wird neuerdings angezweifelt [6/11], ob zu Recht oder zu Unrecht, wird hier nicht untersucht. Es interessiert in erster Linie nicht, wann genau die untersuchten Völker gelebt haben, sondern wie und was sie dachten; darum liegt dieser Arbeit die z. Z. übliche Chronologie zugrunde.

Es soll auch nicht der Eindruck erweckt werden, daß die Indogermanen erst nach den Vorindogermanen gelebt hätten. Es gab Überschneidungen, die auch sprachlich zum Ausdruck kommen, aber die vorindogermanische Kultur war im Vergleich zu der indogermanischen alt und weit fortgeschritten. Ihre Weltbetrachtung und Denkungsart sind von der uns-

rigen offensichtlich so verschieden, daß es mitunter nicht
möglich erscheint, ihnen zu folgen.

Vermutlich werden viele Vorstellungen von der „Vorge-
schichte" korrigiert werden müssen, einschließlich der Höhlenmalerei, welche hier nur gestreift wird.

š	sprich sch wie in Schule
ḥ	sprich ch wie in Loch
[...]	Hinweis auf Literatur
(...)	Hinweis auf Bild
=	ist gleich
≙	entspricht
≡	identisch
≈	ungefähr

1. Die Symbolik

Ein Dorf mit dem Namen St. Gertraud, heute auf der Sohle des inneren Ultentals in Südtirol angesiedelt, war einst 300 m höher auf etwa 2000 m an einem Abhang gelegen. Diese Ansiedlung heißt heute Flatschhöfe. Sie ist mit dem Dorf St. Gertraud über einen „Kirchweg" genannten Fußsteig verbunden und so auch mit der Kirche und dem Friedhof. Ober- und unterhalb dieses oben gelegenen Ortes liegen zwei für die Untersuchung bedeutsame Steine. Der untere der beiden wird vom Volksmund „Teufelsstein" genannt, weil er, wie die Sage meint, vom Teufel von der gegenüberliegenden Talseite aus herübergeworfen worden sei, und zwar von dem Platz aus, der heute Kufkeralm [1/2] genannt wird.

Ker ist ein Todesdämon, vermeintlich aus der griechischen Mythologie, er ist aber mit der Familie der Titanen aus einer älteren Religion übernommen worden. Häufig wanderten mythische Gestalten von einer Weltanschauung zu einer nächsten, manchmal bleibt sogar der Ritus erhalten. Der besagte Stein weist mehrere Näpfchen auf, und zwar eines auf der Kuppe und fünf an der Böschungsseite des Weges, die den Abdruck der Fingerkuppen einer linken Hand bilden. Da die linke Seite mythologisch der Weiblichkeit und die Hand der Erdregion vorbehalten sind, kann daraus geschlossen werden, daß dieser Stein der „Großen Mutter" gewidmet war, die von jeher über Geburt und Tod bestimmt hat. Es ist zu vermuten, daß dort die Verstorbenen ausgesegnet wurden, um im Tal, jenseits eines Baches, wo noch heute der Friedhof liegt, beerdigt zu werden.

Der andere Stein, dessen Bedeutung bis heute vergessen ist, liegt oberhalb dieses urzeitlichen Dorfes auf dem sogenannten Flatscher Bergl; dieses lehnt sich an einen Hang an, der mit Kaserberg bezeichnet wird. Er hat eine für einen Altar geeignete kantige Form.

Auf ihm stand ehemals eine Steinsäule (Steinmandl), wie die danebenliegenden Reste vermuten lassen. Südlich des Altars standen ebenfalls drei „Steinmandl", welche auch umgeworfen worden sind. Auf dem Stein ist auf der südlichen Seite ein liegendes symbolisches „U" eingeprägt. Daneben

1/1 Altarsteine des rätischen Gottes ka-áš, auch Kaser genannt, mit U-Symbol und Schlangen [1/2].

findet man das Bild einer Schlange (Bild 1/1), das durch eine geologische Verschiebung des Gesteins entstanden ist. Ob das U-Zeichen ebenfalls natürlicher Art ist, kann nicht gesagt werden.

Ein U-Symbol umgekehrt geschrieben (Bild 1/2a), bedeutet den kleinsten Bogen des Sonnenlaufes über dem Horizont während der Wintersonnenwende [1/1]. Da der Stein nördlich der Flatschhöfe liegt, kann kaum an dieser Bedeutung gezweifelt werden. In diesem Fall ist das U-Zeichen um 90° gedreht und hat die Gestalt, die Bild 1/2b zeigt. Es ähnelt dem sumerischen Keilschriftzeichen (Bild 1/2c), es heißt sumerisch „u" und bedeutet Herr, König, Königin.

Dreht sich das „U" über die waagerechte Lage hinaus bis zur Öffnung nach oben (Bild 1/2d), so wird aus dem „U", auch mit Ur bezeichnet, ein Zeichen, das Ka genannt wird.

Der Ka ist mythologisch sehr bedeutend. Am bekanntesten ist der des dynastischen Ägypten, er bedeutet die Lebenskraft, welche den Menschen über seinen Tod hinaus als geistiger Doppelgänger begleitet. Der Ka ist nicht identisch mit der christlichen Seele, die etwa dem ägyptischen Ba ent-

14

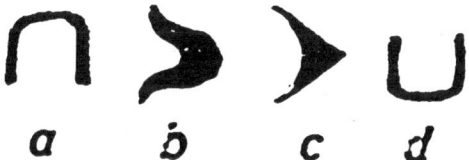

a   b   c   d

1/2 U- und K-Symbole
a) Das U-Symbol des kleinsten Bogens der Sonnenbahn zur Winter-sonnenwende.
b) Das U-Symbol auf dem Altarstein, Bild 1/1, um 90° gedreht, es ähnelt 1/2c.
c) Sumerisches Keilschriftzeichen u = König, Herr, Herrin [1/3].
d) Altägyptisches Ka-Symbol. Es bedeutet Ka, d. h. den Teil der See-le, der der unsterblichen Persönlichkeit entspricht.

spricht. Das Fundamentale dieses Zeichens für die betrach-tete Kultur erkennt man auch daran, daß es in einem kassi-schen Belehnungsstein, Grenzstein (Bild 1/3) aufgenommen wurde (4. Reihe von oben). Schließlich ist es auch ein kenn-zeichnendes Symbol für den kretischen Palast von Knossos (Bild 1/4).

Zurück zum Stein am Kaserberg. Wichtig ist es zu wissen, daß in der Wintersonnenwende der Laut „U" zu „A" wird. Das Alte Jul wandelt sich zum neuen Jahr. In Pommern wur-de und wird z. T. noch heute das Jul mit Freuden, z. B. mit Scherzpaketen, verabschiedet, woraus vermutlich die heuti-ge Silvesterfeier geworden ist. Der hier zu besprechende Stein diente also im wesentlichen der Feier zur Sonnenwen-de. Er ist ein sogenannter Wendestein, den es in den Alpen-ländern des öfteren gibt, so z. B. den Wendelstein in Ober-bayern.

Die Schlange diente bereits im Zeitalter des Aurignacien (etwa 50 000 v. Chr.) als Symbol. Sie ist die Bringerin des Lichtes nach der Finsternis. Sie ist auch das Zeichen sowohl des Todes als auch des Lebens, beide gehören zusammen; denn ohne Tod kein neues Leben. Deshalb gilt auch mitunter die Schlange als Ernährerin des Ka.

1/3 Kassitischer Belehnungsstein des Königs Melishipak II. von Babylon, Susa, ca. 1 200 v. Chr. (Louvre, Paris) Höhe 0,68 m [1/8].

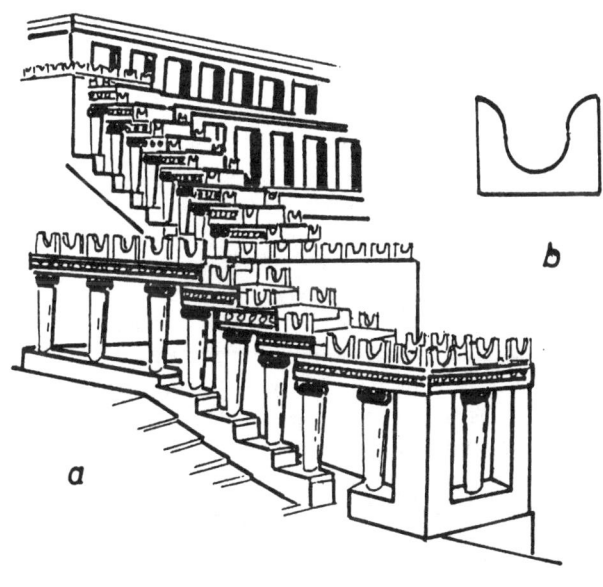

1/4 Palast von Knossos, Kreta [1/9].

a) *U-Symbol*
b) *Treppenhaus des Palastes (Rekonstruktion).*

Der Altarstein auf dem Flatscher Bergl stellt also den Wandel vom Ur zum Ka dar. Er ist der Stein des

Ka-áš	=	mit
Ka	=	Mund (sumerisch, kassitisch)
áš	=	Der Eine, Einzige, allein (sumerisch, kassitisch)

Ka-áš ist die personifizierte Schöpfung, darauf wird später nochmals eingegangen werden, und bedeutet auch die Entscheidung im Sinne des Schicksals. Delitzsch [1/3] setzt Ka-áš gleich dem indischen Purascha, dem Einen, der gleichbedeutend ist mit dem Urman, dem Manu, aus dem die Welt geschaffen ist [1/4]. Ob der sumerische bzw. kassitische áš mit dem germanischen as oder oss gleichzusetzen ist, ob hierauf der mythologische Kampf zwischen den germanischen Vanen und Asen zurückzuführen ist, ist zwar wahrscheinlich, aber noch nicht gesichert. Der Ka-áš trägt gräzisiert den Namen Kastor, nicht zu verwechseln mit dem Bruder des Pollux, und wird im abendländischen Volksmund Kaser genannt, ohne daß den Südtirolern die Bedeutung bewußt ist.

Das Sinnbild der Schlange als Bringerin des neuen Lichtes zusammen mit dem kleinsten Bogen des Sonnenlaufes über dem Horizont ist weit verbreitet. So zeigt Bild 1/5a ein entsprechendes Felsenbild im Dolmen (Kammergrab) „Table des Marchands" in der Bretagne, Frankreich. Diese Darstellung ist ergänzt durch ein Sinnbild der Sonne.

Exkurs zur Darstellung der Sonne:

> Im alten Europa, und nicht nur dort, wurde die Sonne als Kreis mit dem Mittelpunkt symbolisiert, sondern auch im alten Ägypten und im archaischen China. Im Prinzip geschieht das in China noch heute, lediglich mit der Abwandlung, daß der Kreis – da mit Pinsel geschrieben wird – durch ein Quadrat und der Punkt durch einen Strich ersetzt wird. Daß die Sonne durch

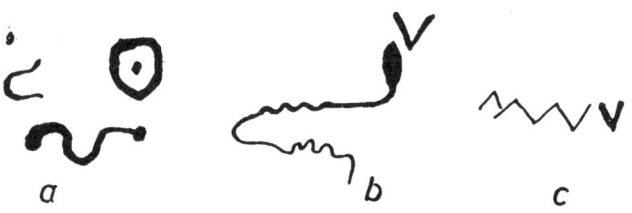

1/5 Symbole U mit Schlange
a) Aus dem Dolmen „Table des Marchands" [1/1]
b) Aus den Cueva de las Figuras
c) Aus den Cueva de las Polomas.

einen Kreis dargestellt wird, liegt nahe, nicht aber der Punkt in der Mitte. Dieser ist für die Abbildung einer Sonne ganz abwegig. Eine Erklärung kann sein, daß der Lauf eines Himmelskörpers um einen Zentralstern oder das ganze Planetensystem dargestellt werden soll. Das wäre ein Zeichen dafür, daß die Alten bereits etwas gewußt haben, was erst in unserer Neuzeit wiederentdeckt worden ist.

Ein anderes Beispiel für die Verknüpfung des Schlangensymbols mit dem Ka-Zeichen (Bild 1/5b) findet sich auf der Iberischen Halbinsel in der Cueva de las Figuras und sinngemäß das gleiche in vereinfachter Form in der Cueva de las Palomas (Bild 1/5c). Hierbei ist zu bedenken, daß die Zeichen U und V gleichbedeutend sind und im wesentlichen von der Schreibmöglichkeit abhängen. Das „U", besser das „ur", ist vordergründig das Symbol für den Stand der Sonne zur Wintersonnenwende. Es entspricht dem altsumerischen Ideogramm (Bild 1/6), hat aber eine viel tiefere Bedeutung. Einerseits kennzeichnet es den Wandel der Jahreszeit vom ablaufenden zum folgenden Jahr, andererseits interpretiert es den Wandel vom Leben zum Tod und umgekehrt. Der Lautwert „u" heißt zwar sumerisch König, aber (Bild 1/6b) ù bedeutet Schlaf, auch utu Sonnenuntergang, jedoch (Bild 1/6a) ú Pflanzenwuchs und ud (u) Tag, Sonne. Das „Ur" (Bild 1/2a), ist die Schreibung des Grabhauses, des Dolmen, in der ursprünglichen Form mit zwei Seitensteinen und einem Deckstein. Wegen seiner Bedeutung als Symbol für Tod und Wiederauferstehung wird es auch gegenständlich dem Grab beigegeben (Bild 1/7), so z. B. in Blei in der Monja-Höhle (Cova-Monja) auf Mallorca (Balearen). Sehr große Bedeutung hat das „Ur" in Mittelamerika. Bild 1/8 zeigt ein sogenanntes Joch aus Stein, auch dieses verkörpert Tod und Auferstehung [1/1]. Wir finden diese sich an die Auferstehung wendenden Metaphern in Mittelamerika sehr häufig. Das größte „Ur" stellt fraglos Stonehenge in England dar, auf das unten näher eingegangen wird.

a   *b*

1/6 Altsumerische Ideogramme für den Stand der Sonne [1/1]
a) Sonnenaufgang (die runden und eckigen Ausführungen sind gleichbedeutend)
b) Untergehende Sonne (Sonne im U).

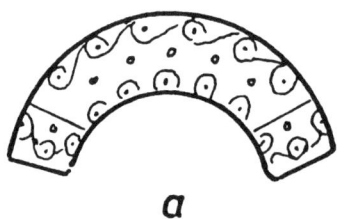
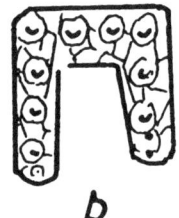

a   *b*

1/7 Grabbeigaben in U-Form aus Blei, Monja-Höhle, Cora Monja (Mallorca) [1/1]
a) runde Form
b) eckige Form.

Ein weiterer Kaser-Kultplatz befindet sich im hinteren Ötztal in Österreich in 2000 m Höhe vor dem Similaun mit Menhiren und Steinreihen [1/5].

Durch den Vergleich der Symbolik in den Alpen und in Westeuropa ergibt sich eine Beziehung zwischen ihren Urhebern, den Sumerern bzw. den Kassiten einerseits und den in Westeuropa lebenden Basken andererseits. Daher kann vermutet werden, daß die gesamte Familie, bestehend aus Basken, Kaukasiern, insbesondere Abchasen, Sumerern, Kassiten und Tibetern [1/6], zu einer großen Kulturgruppe zusammengefaßt werden kann.

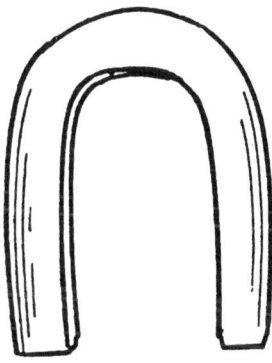

1/8 Sogenanntes Joch aus Stein, Fiuca [1/1] Pempeya, Guatemala (Museum für Völkerkunde, Berlin).

Das Symbol ist ein Sinnbild, dessen Sinngehalt nicht bildlich dargestellt ist. Diese widersprüchlich anmutende Definition legt das Wesen des Symbols offen. Der Sinngehalt wird in das Symbol durch Vereinbarung hineingelegt, und jeder, der diese Vereinbarung kennt, wird unmittelbar informiert und beeindruckt. Das beste Beispiel heute ist das Kreuz. Durch die direkte Beeinflussung ist das Symbol das ideale Verständigungsmittel. Für den Nichtinformierten hat es aber den Nachteil, daß es für ihn nicht lesbar ist. Vor dieser Schwierigkeit steht auch derjenige, welcher die Symbole der Vorindogermanen bzw. der Menschen des Megalithikums deuten möchte. Allerdings ist er nicht ganz hilflos, weil ihm doch einige Vergleichsmöglichkeiten zur Verfügung stehen. Man muß sich allerdings bewußt sein, daß es mehr oder weniger Vermutungen bleiben. Andererseits wird aus den Fundorten deutlich, daß es sich – soweit erkennbar – immer um religiöse Sinnbilder, meist um solche des Totenkultes handelt.

Am einfachsten ist die Anknüpfung an die vorstehenden Ausführungen, welche sich auf das „Ur" beziehen. Sie interpretieren dort den Wandel des Alten Jul zum Neuen Jahr. Die Gegenstände, welche die Bilder 1/7 und 1/8 zeigen, sind Grabbeigaben, mit denen der Wunsch auf den Weg gegeben werden sollte, vom alten in ein glückliches neues Leben zu gelangen. Auch in Stonehenge war es vermutlich ein sakraler Anlaß, den Kern der Anlage hufeisenförmig anzuordnen. In einer der folgenden Religionen wurde dieser Totenkult vergessen, aber das Hufeisen als Glücksbringer war geblieben.

Bild 1/9a zeigt eine Chiffre, die in abgewandelter Form des öfteren in Megalithgräbern zu finden ist. Ganz kann sie nicht erklärt werden, aber Einzelheiten sind deutbar. Am Kopf des Bildes kann man eine u-förmige Einbuchtung mit einem darüberliegenden Halbkreis erkennen. Das bedeutet die aufgehende Sonne (vergl. Bild 1/6a). Die beiden Reihen in der Umrahmung zeigen vier Hufeisen in der Mitte, deren Sinn oben beschrieben ist. Die Kreise darüber und darunter stellen vermutlich Sonnen dar. Vielleicht ist das ganze Bild ein Wahrzeichen der Großen Mutter, die für Geburt, Tod und Wiedergeburt zuständig ist.

Das Ideogramm in Bild 1/9b, das ebenfalls in abgewandelter Form häufig vorkommt, ist schwer zu deuten. Es vereinigt offenbar eine ganze Reihe von Gleichnissen. Zunächst ist das „Ur" erkennbar, das zu einer Mutterbrust ergänzt und mit Sonnenstrahlen versehen ist. Wichtig sind die beiden „Ohren" rechts und links. Ihre Wesenhaftigkeit scheint eindeutig zu sein. Es ist eine Metapher der Jahresspaltung (Bild 5/1) mit der von Jahresanfang zur Jahresmitte aufsteigenden Sonne (rechts) und der von dort zum Jahresende absteigenden Sonne (links), ebenfalls ein Gleichnis für den Wechsel vom Leben zum Tod und zurück zum Leben. So ist auch dies eine Verkörperung der Großen Mutter.

Das Sinnbild in Bild 1/9c, der Krummstab, kommt sehr häufig vor und dann noch am gleichen Platz in vielfacher Menge, so z. B. im Table des Marchands (Locmariaquer, Bretagne). Einerseits ist es nicht abwegig anzunehmen, daß es bereits vor dem Megalithikum gebräuchlich war, andererseits ist es auch heute noch ein wichtiges sakrales Attribut. Eine Erklärung ist schwierig. Hierzu muß wieder auf das Bild 5/1 mit seiner Erläuterung vorgegriffen werden. In der Bildmitte ist der Kreis a dargestellt, den die Sonne während eines Jahres durchläuft. Dieser Kreis ist mit einer göttlichen Axt b in zwei Hälften gespalten. So ergibt sich eine rechte

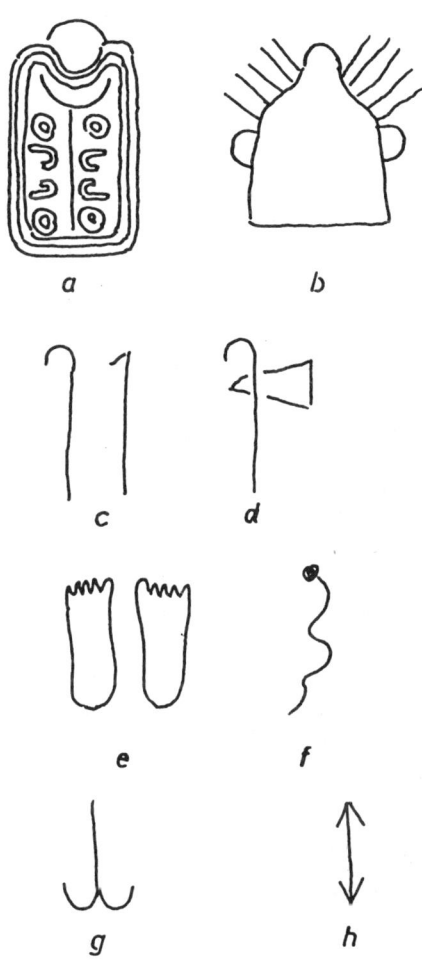

1/9 Megalith-Symbole

a) Vermutlich Große Mutter; b) Große Mutter in Kombination mit den Jahreshälften (siehe Bild 5/1); c) Krummstab d) Krummstab in Verbindung mit der Axt der Jahresspaltung (siehe Bild 5/1); e) Fußabdrücke des „neuen Gehens"; f) Schlange; g) Einfacher „Anker' im Dolmen de Soto, Spanien; h) Doppelter Anker, vordynastische Linearschrift, Abydos.

Jahreshälfte mit dem Lauf der Sonne von der Wintersonnenwende zur Sommersonnenwende und eine linke Hälfte mit
dem Sonnenlauf zurück. Der Krummstab bezieht sich auf
diesen Vorgang, er vereinigt mit seiner Krümmung die eine
Hälfte des Jahreskreises und mit dem geraden Teil den Spalt.
Dieses Symbol bezieht sich also wie das vorige auf das Problem von Tod und Wiedergeburt. Der Stab als Gegenstand
gehört noch heute zu den Insignien der kirchlichen Würde
und war es wahrscheinlich bereits im Megalithikum und vielleicht sogar noch früher.

Der Krummstab in der Verbindung mit der das Jahr spal-
tenden Axt ist ebenfalls ein in den Dolmen der Bretagne häufig vorkommendes Sinnbild (Bild 1/9d). Noch in der Römer-
zeit lebte als Überlieferung aus dem Megalithikum die
kultische Formel, daß das Grab „sub ascia dedicata" unter
der Axt geweiht sein und das Axtsymbol tragen mußte [1/1].
In diesen Bereich gehört auch der ägyptische Ritus der
Mundöffnung mit einer Hakenaxt, der seine Wurzel in der
vordynastischen, also in der vorindogermanischen Zeit hatte.

Das Zeichen der Füße (Bild 1/9e) ist ein Symbol „des neu-
en Gehens" des Wiederbringers des neuen Lebens. Wir finden es auch in indogermanischen Bereichen als Symbol des
Wiederbringers des neuen Lichtes. So wurde diese Metapher
im Alpengebiet, z. B. in Savoyen, der Schweiz, Schweden
und Nordamerika gefunden. In manchen Gegenden von
Nordafrika gehört das Abbilden der Füße auf einem Stein
noch heute zum Hochzeitsbrauch.

Die Schlange soll der Vollständigkeit halber in Bild 1/9f
nochmals aufgeführt werden. Die Bedeutung dieses Symbols
wurde im Zusammenhang mit Bild 1/1 ausführlich bespro-
chen.

Es soll noch auf ein Symbol hingewiesen werden, das einem Anker ähnlich ist und daher stets als Gebrauchsgegen-
stand eingeschätzt wird. Da es eine mythologische Bedeutung hat, muß der Verwendungszweck natürlich rätselhaft
bleiben. Zur Lösung wird wieder auf Bild 5/1 verwiesen.
Wenn es ein einfacher „Anker" ist (Bild 1/9g, Spanien, Dolmen de Soto), so stellt es den Jahresgott mit gehobenen Armen dar. Ist es ein zweifacher „Anker" (Bild 1/9h, Abydos,

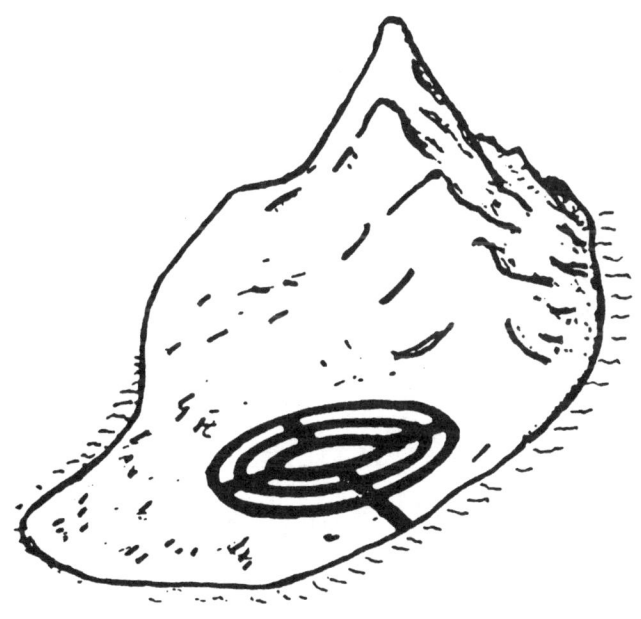

1/10 Schema der Königsburg von Atlantis, ein Phantasiebild von Paul Schliemann [1/1].

vordynastische Linearschrift), so ist es ein Schema beider Jahresgötter.

Der Philosoph Platon hat die Königsburg von Atlantis, den Untergang dieser Insel und den des atlantischen Volkes beschrieben. Paul Schliemann, ein Enkel des Ausgräbers des vermeintlichen Troja in Kleinasien, hat ein Phantasieschema (Bild 1/10) nach dieser Beschreibung angefertigt. Ähnliche Darstellungen sind bereits früher sehr verbreitet gewesen, allerdings von der Kreisform in Quadrate abgewandelt (Bild 1/11). Diese Wiedergaben waren wahrscheinlich zunächst Orakelspiele und haben dann als das beliebte Mühlespiel überdauert. An diesem Erinnerungsvermögen wird offenbar, wie tief sich die Katastrophe um Atlantis in das Unterbewußtsein der Menschen eingegraben hat [1/7, 6/3].

  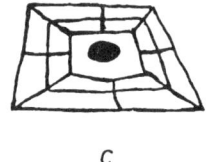

a   b   c

1/11 Schema der Königsburg von Atlantis, von der runden Form
übertragen auf eine eckige „Ritzform".
a) San Benito, Kolumbien [1/7]
b) Eiras da Seixa, Spanien [1/7]
c) Tschörtscher Heide bei Brixen, Südtirol [1/2].

2. Die Sprache

Die ersten flüchtigen Hinweise auf die Sprache ergaben sich aus zwei zufälligen kleinen Beobachtungen. Den ersten bot die Schriftstellerin Else Hueck-Dehio in einer kleinen Geschichte, die in Lettland, also im Baltikum im Gebiet der früheren Megalithkultur, spielte [2/1], (Bild 2/1).

Die Begebenheit ereignete sich in einem deutsch-baltischen Gutshaus. Es wurde ein Familienfest gefeiert. Die Gä-

2/1a Megalith-Skulptur im Baltikum, vermutlich „Mutter Erde".

2/1b Megalith-Skulptur im Baltikum, Bedeutung unbekannt.

ste sollten im Gutshaus übernachten. Es waren aber nicht genug Betten für alle vorhanden. Daher mußte unsere Heldin, die junge Tipsy, mit der Tante in einem Bett schlafen. Nachts fiel dem Mädchen ihr Tagebuch ein, das nun unbedingt in Sicherheit gebracht werden mußte. Es verließ das Bett. Das Haus war ungeheizt und kalt, wie zu jener Zeit nachts üblich. Bei der Rückkehr, durchgefroren, schlüpfte es, wie es glaubte, in das warme Bett der Tante. Da schallte ihm eine männliche Stimme entgegen: „Hotz! Sind deine Füße kalt!" In Panik floh das Mädchen. Die beiden haben übrigens später geheiratet.

Für uns kommt es dabei nur auf den Ausruf „hotz" an. Dieser ist weder deutsch noch lettisch. Er kann nur aus früher Vorzeit als Entsetzensschrei im Volksmund überdauert haben. Er ist baskisch und bedeutet „kalt".

Der zweite Hinweis zeigte sich in der Bretagne, einem Schwerpunkt der Megalithkultur, die durch die bekannten großen Bauten gekennzeichnet ist. Sieht man von aufrechten Steinen und den Steinreihen ab, so dienen die meisten Bauwerke dem Bestattungskult. Diese sind Kammergräber, sogenannte Dolmen, und Grabhügel von beachtlicher Größe, die Tumuli. Letztere sind über die Dolmen aufgeschüttete Hügel mit einem steinernen, der stufenförmig ausgebildet sein kann. Der größte dieser Art ist der Tumulus St. Michel in Carnac. Dieser oder alle diese Großbauten werden im Volksmund „gal-gal" [2/2] genannt, das ist sumerisch und bedeutet entweder „sehr groß" oder „groß seiend".

Wir sind somit innerhalb der Megalithkultur auf zwar spärliche, aber sehr charakteristische Fingerzeige gestoßen, die anschließend weiter verfolgt werden sollen.

Da die gefundenen Sprachrelikte einerseits aus dem Baskischen und andererseits aus dem Sumerischen stammen, boten sich zunächst diese beiden Sprachen für eine Untersuchung auf verwandtschaftliche Beziehungen an, und zwar zunächst für den europäischen Raum. In bezug auf das Baskische bestand das Problem, daß keine umfassenden Wortverzeichnisse vorhanden waren. Aber als guter Ersatz diente hierbei die Arbeit von Bouda [1/6] und – insbesondere zur Betrachtung der Grammatik – die von Schuchardt [2/4]. Das

Ergebnis war, daß nicht genügend Vokabeln für die Wortvergleiche zur Verfügung standen, der Vergleich der Grammatiken aber dagegen besonders erfolgreich war.

Es lag für das Sumerische mit der Sprachlehre von Delitzsch [1/3, 2/5] sehr gutes Material vor, jedoch birgt ihre Überlieferung einige Probleme. Es sind nämlich nur die Vokale a, e, i und u zugänglich gemacht, nicht aber die Zwischenlaute, was zur Folge hat, daß die Schreibweise wechseln könnte, z. B. von a zu e, andererseits kann sich dann e in i verwandeln, auch kann sich die Schreibung von u zu e ändern. Die Konsonanten sind ebenfalls nicht eindeutig geschrieben. Die weichen Mitlaute b, d, g können zu harten p, t, k werden und umgekehrt, ferner kann sich m zu g verwandeln. Eine merkwürdige Erscheinung ist die bis zum völligen Verschwinden unterdrückte Aussprache der Endkonsonanten. Auch gewisse Anlaute unterliegen im Sumerischen einem Verklingen. Ähnliche Erscheinungen weist übrigens auch das Baskische auf. Die sich in der Buchstabenschrift zeigenden Mehrdeutigkeiten der sumerischen Silben lassen darauf schließen, daß verschiedene Betonungen die Bedeutungen ergeben, ähnlich wie im Chinesischen. Das gleiche Phänomen findet sich übrigens auch im Tibetischen, das mit dem Sumerischen verwandt ist, weniger aber mit dem Baskischen.

Beide Sprachen bergen ein weiteres Problem. Das Baskische gliedert sich in mehrere Dialekte, was an sich nichts Ungewöhnliches ist. Das Sumerische kennt mindestens fünf verschiedene Sprachen, nicht Dialekte, die ja landschaftlich bedingt wären. Die sumerischen – im eigentlichen Sinne – Idiome wurden von sozialen oder beruflichen Schichten benutzt, so gab es offenbar eine prosaische und eine poetische, eine gewählte und eine vulgäre sowie eine feierliche Redeweise. All das machte den Wortvergleich so problematisch (Tabelle 2/1).

Exkurs: Mehrere Idiome, sogar innerhalb einer sozialen Schicht eines Volkes, sind keine Seltenheit. Ehrenreich [2/6] berichtet aus Südamerika, daß bei den Karaya-Stämmen am Rio Agaguaya (Goyaz) sich die

Männer in einer anderen Sprache äußern als die
Frauen. In der Männersprache folgen zwei Vokale
aufeinander, während bei der Weibersprache sich
stets dazwischen ein Konsonant befindet. Zu Regen
sagen die Männer biu, die Frauen biku. Bei den Män-
nern heißt Mais mahi, bei den Frauen maki.

Beim Vergleich Baskisch – Sumerisch ist auch zu bedenken,
daß die heutigen Basken von den verglichenen Sumerern
zeitlich vier bis fünf Jahrtausende entfernt sind. Trotzdem
stimmen die Grammatiken so überraschend überein, daß man
annehmen könnte, es handele sich um eine gemeinsame Lin-
gua geral (Tabelle 2/2).
    Das Kassitische ist offensichtlich mit dem Sumerischen
verwandt, das geht aus den bekannten Königsnamen hervor.
Zum Beispiel:

Kastiliáš [2/7]	vermutlich gleich
Kaáštiliáš	Ka-áš vergleiche mit dem Altarstein in Südtirol
šagaraktišuriáš [2/7]	mit
ša	gnädig sein (sum.)
šu	Macht (sum.)
áš	Macht (sum.).

Mangels ausreichender Unterlagen kann auf das Problem der
Kassiten (Kossäer) nicht weiter eingegangen werden. Aber es
scheint nicht abwegig zu sein, die Kassiten in Betracht zu
ziehen.
    Das Tibetische scheint für die Untersuchung des europäi-
schen Kulturraums nicht wichtig zu sein. Festzuhalten sind
aber die Wortähnlichkeiten einschließlich des Verklingens
und Verschluckens. Die Grammatiken zeigen nicht die über-
raschende Übereinstimmung mit dem Sumerischen wie das
Baskische. Trotzdem wird ein Beispiel für einen sumerisch-
tibetischen Wortvergleich vorgelegt (Tabelle 2/3, Auszug aus
[1/6]), auch aus dem Grunde, um die weltweiten Beziehungen des vorindogermanischen Kulturkreises aufzuzeigen.

Ein interessantes Bild ergibt sich, wenn man die indogermanische Sprachgruppe mit dem Sumerischen vergleicht. Einige Beispiele enthält die Tabelle 2/4. Aus derartigen Vergleichen kann geschlossen werden, daß das Sumerische bzw. Baskische nachbarliche Beziehungen mit dem Indogermanischen hatte. Dabei ist zu bedenken, daß das Baskische als die älteste oder fast die älteste Sprache schlechthin gilt. Dann muß das Indogermanische von dem Sumerisch-Baskischen beeinflußt worden sein. Es ist natürlich auch möglich, daß beide aus einer dritten Quelle geschöpft haben. Es soll auch nicht behauptet werden, daß der Inhalt der Tabelle 2/4 gesichert ist, er möge aber als Anregung dienen.

Ein überraschendes Bild zeigt sich, wenn sich der Kreis des Interesses über den europäischen Raum hinaus ausdehnt. Die Wortlisten der Tabellen 2/5 sind aus der Arbeit von Stukken [2/8] entnommen und von Fall zu Fall durch das Baskische und Tibetische ergänzt. Worauf die aus den Tabellen zu entnehmenden Ähnlichkeiten, auch Übereinstimmungen, zurückzuführen sind, wird mit letzter Sicherheit kaum noch zu ermitteln sein. Lehnwörter oder Beeinflussung infolge eines Handelsverkehrs, der fraglos stattgefunden hat, können nicht die eigentliche Ursache sein, das zeigen z. B.

sein:	baskisch z, peruanisch ca.
machen, tun:	baskisch gi, sumerisch ki, maorisch ki.

Dies sind Worte, die zum Fundament eines Sprechens gehören und nicht Lehnwörter sein können.

Eine Überraschung ist auch, daß in Tibet Holztauben = „ti" in Gebrauch waren, vielleicht noch sind. In Pommern gehörte das Abwerfen von aus Holz hergestellten Tauben zum Pfingstbrauchtum. Diese Tauben, die allerdings kaum noch Ähnlichkeit mit dem Vogel hatten, waren auf einer hohen Stange befestigt. In einem Wettbewerb wurde der Reihe nach mit Holzkeulen nach dem Objekt geworfen und diese solcherart stückweise abgebrochen. Wer den Rumpf herabholte, war „König" [2/9].

Eine weitere weltumspannende Bedeutung hatten:

bubuluhe (sumerisch)	=	zittern, erschrecken
popolhuia (mexikanisch)	=	kämpfen, zerstören
Bummelux (Pommern)	=	Kinderschreck [2/9].

Eine einzige Übereinstimmung mag Zufall sein, wenn sich das Zusammentreffen aber sinnfällig häuft, dann sind Beziehungen kaum zu bestreiten.

Die logische Denkungsart der Vorindogermanen geht aus der Grammatik hervor. Die Grundform des Verbs ist nicht die Gegenwart, sondern die Vergangenheit. Die Gegenwart gibt es überhaupt nicht, was logisch ist; denn die Zukunft geht ohne Übergang in die Vergangenheit über. Statt dessen wird das Partizip benutzt. Es gibt auch kein „haben" in unserem Sinne, es wird durch „sein" ausgedrückt.

3. Ortsnamen

Einen lehrreichen Aufschluß über sprachliche kulturelle Zusammenhänge bieten geographische Namen. Wenn allerdings die untersuchten Völker sehr weit in unserer Vergangenheit lebten, steht dieser Untersuchung als verschlungenes
Problem die Schichtung vieler verschiedener Kulturen über-
einander entgegen, von denen jede ihre Spuren hinterlassen
hat.

Es liegt an sich nahe, die Durchforschung im Baskenland
zu beginnen, jedoch stieße man dort auf einen aus dem Baskischen abgeleiteten Ortsnamen, so wäre dies nicht mehr als
ein Urname, der vom Romanischen nicht überdeckt worden
ist. Auffällig ist allerdings, daß das Kap an der Nord-West-
Ecke der Pyrenäen-Halbinsel Ortegal heißt, wobei die End-
silbe „gal" sumerisch ist und „groß" bedeutet.

Aufschlußreicher ist die Bretagne, deren Ursprache nun
wieder unter der keltischen und französischen Sprache verborgen ist. Von den Grabhügeln wurde bereits gesprochen,
deren größter St. Michel oder alle großen Hügel dieser Art
im Volksmund „gal-gal" (sum.) „sehr groß" oder „groß seiend" heißen. Noch bemerkenswerter ist der megalithische
Hauptort Carnac, der unübersehbar ein religiöses Zentrum
der Megalithkultur ist. Geht man davon aus, daß „gal" einen
Hinweis auf die sumerische Sprache gibt, und versucht man,
diese Spur weiter zu verfolgen, so erhält man eine glaubhafte
Übersetzung:

Carnac	=	ka • ar •na • ag mit
ka	=	Mund, auch der eines Gottes
ar	=	Erhabenheit
na	=	hoch, Himmel
a g	=	kund tun.

Daß diese Interpretation nicht unwahrscheinlich ist, ergibt
sich daraus, daß im Altägyptischen, das mindestens in der
vordynastischen Zeit zum gleichen Kulturkreis gehört hat,
das religiöse Zentrum Karnak heißt. Diese Reihe findet ihre

Fortsetzung mit Huitznahuac (hu gesprochen wie das englische w und z wie s – also: Whitsnawhac), einem wichtigen Tempel in Altmexiko.

In den Alpenländern haben sich mehrere Namen sumerischen, vielleicht auch kassitischen und baskischen Ursprungs erhalten, wobei sich diese Idiome landschaftlich differenziert zu haben scheinen (Tabelle 3/2, 3/3). Es findet sich beispielsweise auch im Paznauntal der Ort Ischgl, der anklingt an das sumerische „isi" = Berg. Weiter oben in demselben Tal Galtür = „gal tir" (sum.) = großer Wald, wobei allerdings im Sumerischen das „gal" dem „tir" folgen müßte.

Die Betrachtung kann in Süd-Ost-Europa fortgesetzt werden, wie Beispiele aus Griechenland (Tabelle 3/4) deutlich machen. Bezüglich der Halbinsel Mani sei darauf hingewiesen, daß sich beim Kap Tainaron (Matapan)[1] eine Höhle befindet, wo der Sage nach Herakles den Höllenhund an die Oberfläche gebracht hatte. Gerade diese Übereinstimmung der Namen mit der Mythologie macht diese Betrachtung der Frühgeschichte so schlüssig.

In Mittel-Java befindet sich eine der beeindruckendsten Tempelanlagen Asiens, der „Borobudur". Die Anlage ist ein Hügel in Form einer Stufenpyramide – heute mit einer Höhe von 33,5 m, ursprünglich betrug sie 42 m. Es ist ein quadratischer Bau mit einer Seitenlänge von je 123 m. Der Sage nach soll der Borobudur die Asche der drei „Shailendra"-Könige enthalten, was nicht nachgewiesen werden konnte, aber es scheint ein Megalithbau zu sein. Damit ist er ein Grabhügel und so ein kultureller Verwandter der gal-gal der Bretagne. Der Name ist aus dem Sumerischen zu übersetzen, dabei ist daran zu erinnern, daß „o" als Zwischenlaut nicht überliefert ist, sondern nur als „u" oder „a" ausgedrückt wird. Die Übersetzung könnte lauten:

---

1. Matapan = Ma · ta · pan
    ma = Land
    ta = Seite; an
    pan = Bogen (?)

buru	=	Frucht
bu	=	aufleuchten
dur	=	prachtvoll sein.

Das entspräche dem Bereich dieser Kultur von Europa aus über Polynesien und zurück nach Europa.

Eine bemerkenswerte Übereinstimmung besteht zwischen dem Fluß Po in Oberitalien und dem Tsang-Po in Tibet (tsang = groß). Hier ist vermutlich auch als Umkehrung der Fluß östlich des Uralgebirges mit dem Namen Ob einzuordnen. Gedanklich entfernter und daher zweifelhafter ist der Fluß Od·er in Pommern. Mit letzterem würde man wieder an die Megalithkultur im Ostseeraum anschließen. Noch in der lebenden griechischen Sprache ist im potamos = Fluß der po erhalten geblieben.

4. Mythen

Mythos ist „das Wort" im Sinne einer platonischen Idee. Diese kann nicht mehr näher begründet werden. Der Mythos soll die Welt in ihrem Ursprung und in ihrem Wirken beschreiben, ohne daß sie letztlich begreifbar ist. Das Wesen der Welt im Himmel, auf der Erde und in der Unterwelt, das dem Menschen begegnet, wurde daher als eine Welt der Götter und ihrer Kreise beschrieben. So wurde die Idee bildhaft, verständlich und erzählbar. Eine Schwierigkeit besteht darin, daß in einer sehr weit zurückreichenden Geschichte ein älterer Mythos von einem neueren aufgenommen oder überdeckt wird. Von allen Hochkulturen haben die Griechen, wie man meint, die reichste, kunstvoll am meisten verflochtene besessen – man würde vermutlich besser sagen: bewahrt. Das Gehirn spiegelt offenbar Bilder wieder, die in der Stammesgeschichte von Generation zu Generation unbewußt weitergegeben werden. Da die Mythen die Wiedergabe von Ideen sind, kann diese Äußerung nur in einer Sprache erfolgen, die einfachster Form ist und in ästhetischer Weise Kunst sein kann.

Der Erforschung der Mythologie der gesuchten Kultur stehen fast unüberwindliche Schwierigkeiten entgegen. Zur Verfügung stehen praktisch lediglich das Baskische und das Sumerische. Es wäre eine unzulässige Vereinfachung, wollte man davon ausgehen, daß die baskische Götterwelt allein oder die sumerische allein auf den ganzen Kulturkreis ausgedehnt werden kann. Außerdem steht dem Problem hindernd entgegen, daß über die baskische vorchristliche Religion nur sehr wenig bekannt ist und die Sumerer nicht immer logisch vorgingen. Auch entfernen sich die uns bekannten Mythen der Sumerer kaum von dem Gebiet des Euphrat und Tigris. Vielleicht gäben die Kassiten mehr Aufschluß, doch ist über ihre religiösen Vorstellungen nur wenig bekannt.

Eine Hilfe bieten die Griechen, weil sie Gottheiten ihrer Vorgänger übernommen hatten, nämlich die Titanen. Außerdem zieht sich über die Welt (geographisch gemeint) eine Reihe von Symbolisierungen gleichen Inhalts, so daß angenommen werden kann, daß diese zu einem gemeinsamen Kulturkreis gehören. Einen solchen Hinweis gibt der in den

Alpen häufig vorkommende Name Kaser oder deutlicher der im Ultental (Südtirol) gefundene Stein des Ka-áš. Der sumerische Ka-áš gleicht phonetisch dem griechischen Chaos, gesprochen Ka-os. Das griechische Chaos ist der „Gähnende Rachen", aus dem der Anfang aller Dinge hervorgegangen ist, so z. B. auch Uranos, der Himmel, und Gaia, die Erde, sowie beider Kinder, die Titanen. Die Eltern dieser Titanen können ebenfalls aus dem Sumerischen übersetzt werden:

Uranos	=	ur • an • áš
ur	=	Mensch
an	=	Himmel
áš	=	Einer, Einziger mit Macht

Er ist also der Urmensch.

Gaia	=	Gê • á
gê	=	Nacht; schwarz
á	=	Macht.

Gaia ist also die „Schwarze Madonna" oder „Mutter Erde".

In bezug auf die obigen Übersetzungsversuche sei daran erinnert, daß Zwischenlaute der Vokale nicht überliefert sind, so daß das griechische „os" im Sumerischen nur als „áš" dargestellt werden kann. Es ist auch nicht ungewöhnlich, daß oben das eine Mal Macht áš heißt, das andere Mal á: denn, darauf wurde bereits hingewiesen, die Sumerer verwendeten mindestens fünf Idiome. Titan direkt zurückübersetzt ergibt nichts Sinnvolles, wohl aber

ti • t • an	mit	
ti	=	Leben
t	=	Euphonischer Einschub
an	=	Himmel, droben.

Euphonische Einschübe, d. h. bedeutungslose Laute, die der Spracherleichterung dienen, sind sowohl im Sumerischen als auch Baskischen üblich.

Koios	=	ki • áš mit
ki	=	Erde
áš	=	Einer, Einziger mit Macht.
Okean	=	a • ge • an mit
a	=	Wasser
ge	=	Suffix der Zugehörigkeit
an	=	hoch: Himmel.

Die anderen Titanen sind nicht derart direkt zu übersetzen.

Aufschlußreich ist auch der baskische „Basa Jaun", der „Wilde Mann", und seine Kameradin „Basa Andere", die „Wilde Dame" [2/3]. Basa Jaun war von menschlicher Gestalt, groß und übermenschlich stark. Er war der Herr, der die Kultur brachte, und: er hinkte. Wir kennen viele Hinkende aus der Mythologie, so z. B. den griechischen Hephaistos, den Gott des Feuers, den Schmied, Sohn des Zeus und der Hera. Er war lahm. Seine Schmiede befand sich unter der Erde, er war also für die untere Hemisphäre zuständig, andererseits baute er für Helios den Wagen, er war demnach auch ein Lichtbringer. Ein anderer Hinkender ist der Ilmarien der Finnen, er galt ebenfalls als Spender des Feuers, auch er war Schmied. Als letztes Beispiel sei der „hinkende" Mond genannt. Dieser hinkt wegen des Unterschiedes zwischen dem siderischen Monat (Rhythmus nach der Sternposition 27,25 Tage) und dem synodischen Monat (Rhythmus durch Wiederkehr der gleichen Mondphasen, Dauer 29,5 Tage oder Nächte). Alle Genannten galten oder gelten als Lichtbringer. Ob sie den gleichen Ursprung haben, kann nicht gesagt werden, ist aber wahrscheinlich. So war auch Basa Jaun für den unteren Bereich der Erde, sogar für den unterirdischen, zuständig, er war vermutlich Lichtbringer.

Exkurs: Die Eigenschaft als Lichtbringer wurde dem Mond aus dem Grunde zugeschrieben, weil die Sonne im

Norden einen großen Teil des Jahres unterläufig ist, d. h. sich nicht über den Horizont erhebt. An den Polen ist so, ohne Berücksichtigung der Lichtbrechung, ein halbes Jahr lang Tag und ein halbes Jahr lang Nacht. Allerdings ist der Mond ebenfalls unterläufig, aber kürzer. In der winterlichen Nacht ist somit nur bedingt Mondschein. Für die indogermanische Völkerfamilie, da im Norden lebend, waren diese Erscheinungen bedeutungsvoll. Ob das auch für die vorindogermanischen Völker der Fall war, kann erst gesagt werden, wenn bekannt ist, wo auf der Erde ihre Religion entstand.

Daneben gab es im Baskenland einen weiteren „Wilden Mann" oder den gleichen mit einem anderen Namen, nämlich „Jentil". Er war ein Bewohner des Hochgebirges und verfügte über die Fähigkeit, Steine, auch Felsen über weite Entfernungen zu werfen. Vergleicht man Jentil mit en (sum.) „Herr" und til (sum.) mit „vernichten", „beenden", „Ende", so ist man zum Teufelsstein im Ultental zurückgekehrt.

In der Irischen See, etwa 10 Meilen westlich der Grafschaft Iveragh, liegt die Insel Skellig Michael. Sie galt als Sitz der Muttergöttin Dana (keltisch Ana), der Großen Mutter [4/1]. Dana kann aus dem Sumerischen übersetzt werden mit

| da (sum.) | = | Seite, zur Seite stehen, beschützen |
| na (sum.) | = | hoch, Stein, Himmel. |

Noch immer soll auf der Gipfelplattform ein megalithischer Menhir stehen, auf dem die Gestalt der vorzeitlichen Urmutter Dana herausgearbeitet ist. Ein kaum noch erkennbares Kreuz, das in den Dolmen eingehauen ist, wird im allgemeinen mit der christlichen Religion in Verbindung gebracht. Das Kreuz war aber bereits in der Megalithzeit ein Symbol der Wiedergeburt. Auch ist eine 30 000 bis 70 000 Jahre alte Plakette aus Stein gefunden worden, die etwas gewölbt ge-

4/1 Eine Seele schlüpft aus dem Rachen einer mythologischen Schlange. Treppenaufgang am Tempelberg Borobudur auf Java.

schliffen und in das ein Rechteckkreuz eingearbeitet worden ist [4/1,63].

Wie bereits erwähnt, gehört das dynastische Ägypten nicht zu dem betrachteten Kulturkreis. Trotzdem bestehen Gemeinsamkeiten mit der vordynastischen Zeit oder, was wahrscheinlicher ist, mit einer noch älteren Kultur. Die folgenden Ausführungen knüpfen an das ägyptische Totenbuch an.

Da der Jenseitsglaube allgemein konservativ ist, ist es wahrscheinlich, daß er bereits in der vordynastischen Zeit oder davor lebte. Dann kann weiter gefolgert werden, daß eine Verbindung besteht zur vorindogermanischen Religion Das ist tatsächlich der Fall; denn im dynastisch-ägyptischen Totenglauben sollen Zaubersprüche bewirken, daß die Seele des Verstorbenen in den Körper einer Schlange von ihrem Schwanz her, der in Richtung der Finsternis zeigt, eindringt und sie durch das Maul, das stets in Richtung des Lichtes weist, wieder verläßt. So werden der Seele, nachdem sie die Schlange, das Symbol der Ewigkeit, des neuen Lichtes und der Reinkarnation durchquert hat, neue magische Kräfte zu-

4/2 Im Rachen der Gefiederten Schlange wird der Kopf einer die Schlange verlassenden Seele sichtbar [4/3].

geführt. Beim Durchwandern der Schlange in die andere Welt wird der Verstorbene überall die Spuren des „Zusammensturzes der Urzeit" bemerken [4/2].

Die Beschreibung einer Seelenwanderung, von der nicht ausgeschlossen ist, daß sie auf Erfahrungen beruht, findet auch eine bildliche Darstellung am Tempelhügel Borobudur, Java. An einem Treppenaufgang bildet der untere Abschluß des Geländers den aufgerissenen Rachen einer Schlange, aus dem der Oberkörper eines Menschen zum Vorschein kommt (Bild 4/1).

Das Thema einer aus dem Rachen einer Schlange austretenden Seele findet man mehrfach in Mexiko, so z. B. auf einem Tongefäß aus der mittleren klassischen Zeit von 450 bis 650 n. Chr. Eine menschliche Seele verläßt den Rachen der Federschlange (Bild 4/2) [4/3]. Offensichtlich war diese Jen-

4/3 Der Kopf einer Seele im Rachen der Gefiederten Schlange. Die Zähne des Reptils sind über der Stirn des das neue Licht Erblickenden erkennbar, die gespaltene Zunge unter dem Kinn [4/3].

seitsvorstellung in Mittelamerika bis zur Christianisierung verbreitet.

Das gleiche Motiv weist eine aztekische Plastik aus dem 15./16. Jahrhundert n. Chr. auf. Der Kopf des Gottes Quetzalcoatl verläßt das aufgerissene Maul der gefiederten Schlange (Bild 4/3).

5. Die Lautschrift

Nach der allgemeinen Auffassung beginnt die Geschichte mit dem schriftlichen Bericht. Aber das historische Schriftstück ist auch der Anfang der historischen Lüge. Ein besonders drastischer Fall der Umkehr der Tatbestände zeigt die ägyptische Dokumentation über die Schlacht von Kadesch (bei Damaskus), in welcher der ägyptische König Ramses II., 1285 v. Chr. gegen die Hethiter eine verheerende Niederlage erlitten hatte. Ramses läßt aber die Geschichte eines überwältigenden Sieges überliefern.

Andere sehen den Beginn der Historie in dem Auffinden von Warenlisten, Rechnungen und Handelsverträgen. In Wahrheit begann die Biographie der Menschheit mit dem Versuch, die überirdischen Kräfte zu erforschen, indem man die Naturereignisse beobachtete, diese festhielt und sich dann anschickte, sie auf irgendeine Weise vorauszusagen. Man fing vermutlich mit dem Himmelskörper an, der für alles Leben entscheidend ist, der Sonne. Ihr Lauf wurde zunächst aufgezeichnet, so lag es nahe, über diese Zeichen auf das persönliche Schicksal zu schließen. So wurden z. B. mit den germanischen Runen „das Los geworfen", aber das gehört zu einem anderen Kulturkreis.

Wie wir feststellen werden, müssen die Vorindogermanen gründliche Kenntnisse über eine Wissenschaft gehabt haben, die unserer Mathematik gleichkam oder sie sogar übertraf. Es wurden zwar die Ergebnisse dieser Kenntnisse an der Großen Pyramide in Ägypten festgestellt, aber sonst keine schriftlichen Überlieferungen gefunden. Man entdeckte im alten Ägypten das Ergebnis eines profunden technischen Wissens, aber nichts Schriftliches darüber. Allerdings ist uns auch die Denkungsart der Vorindogermanen ein Rätsel, so daß uns natürlich auch das Ergebnis ihres Denkens rätselhaft erscheinen muß.

Die Darstellung der Geschichte der Schrift der Vorindogermanen soll sich ausschließlich mit der Lautschrift befassen, im Unterschied zur Bild-, Wort- und Silbenschrift, mit der Schrift also, welche die elementaren Laute der Sprache wiedergibt. Sie hat sich als die zweckmäßigste erwiesen.

Merkwürdigerweise ist sie auch die älteste Wiedergabe von Gedanken. Wie unten dargestellt werden wird, ist sie göttlichen Ursprungs und wurde daher zunächst vermutlich nur zu Orakelzwecken benutzt. Die Schrift hat Ähnlichkeit mit den germanischen Runen, kann aber von diesen nicht übernommen worden sein, weil Odin, der germanische Gott, nach der Edda die Runen aufnahm, sie also nicht erfunden, sondern von woanders empfangen hatte. Auch die Chinesen haben in ihrer archaischen Zeit mindestens teilweise runenartige Zeichen in einer ursprünglichen Form benutzt [5/1]. Beide warfen mit ihnen das Los, die Germanen mit Buchenstäben, in die Runen geritzt waren (daher Buchstaben), und die Chinesen mit sogenannten Orakelknochen. Außerdem fand man Steine mit runenartigen Schriftzeichen aus sehr alter Zeit (etwa 9000 v. Chr.), vermutlich auch zu Orakelzwecken (Bild 5/7) [5/3]. Es ist also anzunehmen, daß diese Schrift entweder am Anfang der vorindogermanischen Kultur oder noch davor entwickelt worden ist.

Den göttlichen Ursprung der Lautschrift macht am deutlichsten Bild 5/1 [1/1]. Dargestellt ist mit einem Kreis a der Lauf der Sonne während eines Jahres. Die Axt b symbolisiert „den Einen", der das Jahr in zwei Hälften spaltet. Der Jahresgott c rechts hebt seine Arme, die Sonne steigt von ihrem niedrigsten Stand zum Kulminationspunkt zur Sommersonnenwende d. Der Jahresgott e links senkt seine Arme, die Sonne läuft zurück zu ihrem tiefsten Stand. Ähnliche Darstellungen zeigen die Bilder 5/2 und 5/3.

Der das Jahr spaltende Gott „Der Eine" ist offenbar der Gott schlechthin gewesen, im Sumerischen war er áš, im Germanischen as oder oss. Bei den archaischen Indern heißt es: „Der Eine bin ich: was da ist, ich bin es." (Bashkala-Upanishad) Und der Athrava-çiras 3 sagt aus: „Sein Haupt ist nördlich, seine Füße südlich." [1/4] Diese Spaltung des Jahres, der Aufstieg der Sonne, aber auch das Absinken, scheint das Wesentliche der Betrachtung gewesen zu sein: denn die Spaltung hat sich direkt in der Schrift niedergeschlagen als senkrechter Strich „|". Das Schriftzeichen scheint ursprünglich der Punkt d über dem Spalt gewesen zu sein, woraus dann erst später das „i" mit dem i-Punkt geworden ist. Diese Spal-

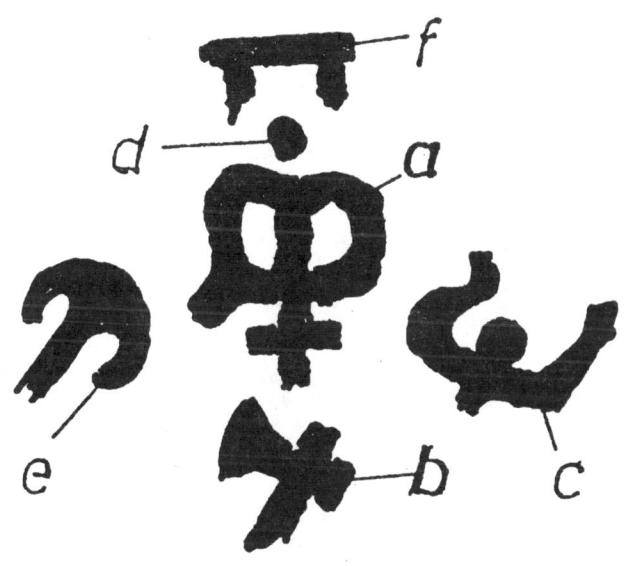

5/1 Jahres-Sonnenlauf der Sonne und die Jahresgötter [1/1]. Kulthöhle Cueva de Bacinete, Pyrenäen-Halbinsel
(8 000 bis 2 500 v. Chr.)
a) Jahreskreis, den die Sonne beschreibt; b) die Axt des „Einen", der das Jahr in zwei Hälften teilt; c) der Jahresgott erhebt seine Arme, die Sonne steigt auf zur Sommersonnenwende; d) Sommersonnenwende, „i"-Punkt; e) der Jahresgott senkt seine Arme, die Sonne sinkt von der Sommersonnenwende zur Wintersonnenwende; f) ein Dolmen

tung des Jahres hat sich bis heute erhalten. Da die meisten Lautschriften den Laut „i" mit dem senkrechten Strich bezeichnen, häufig auch mit einem Punkt darüber, ist anzunehmen, daß die Jahresspaltung der göttliche Kern des Schriftsystems gewesen ist, daher vermutlich die Andeutung des Dolmen über dem i-Punkt. Der die Arme hebende Jahresgott c symbolisiert den Laut „A", wie noch mit der Silbe Ka aus dem dynastischen Ägyptischen überliefert ist (Bild 1/2 d). Das Sumerische drückt das mit barbar = aufgehen aus. Der

5/2 Darstellung des gleichen Inhalts,
Kulthöhle Cueva de los Figuras, Pyrenäen-Halbinsel [1/1]:

5/3 Wie 5/1 und 5/2 Oberägypten, Nubien,
allerdings getrennt vorkommend [1/1].

die Arme senkende Jahresgott e entspricht dem kleinsten Bogen der Sonnenbahn über dem Horizont zur Wintersonnenwende (Bild 1/2 a), entsprechend der sumerischen Silbe šu =
untergehen oder šuš = verfinstern. Es wird dem Laut „U"

Ausdruck gegeben. Der Sonnenlauf beginnt also an der Wintersonnenwende mit dem Buchstaben „A" zum Neuen Jahr, erhebt sich zur Sommersonnenwende bis zum Buchstaben „I" und senkt sich zurück zur Wintersonnenwende, dem Buchstaben „U", wo er sich zum Anfang „A" wendet. An der Wintersonnenwende wird das alte Jul zum neuen Jahr, dabei ist zu beachten, daß l und r sprachlich gleichbedeutend sind. Die Tag- und Nachtgleichen im Frühjahr und im Herbst erhielten die Zwischentöne „E" und „O", so ergibt sich die Vokalreihe A, E, I, O, U, die sich bis heute, also länger als 15 000 Jahre erhalten hat [1/1] (Bild 5/4).

Der halbdunkle Ton „O" ist von den Sumerern Mesopotamiens nicht überliefert, wohl aber das „E". Es ist möglich, daß bei den Vorindogermanen zeit- und gebietsweise nur drei Jahreszeiten gängig waren.

Aus den vorhergehenden Ausführungen ergibt sich, daß die Lautschrift nicht von den Phönikiern erfunden sein kann, wie häufig vermutet wird; denn bei diesen spielten die Vokale als Schriftzeichen keine Rolle, während sie ursprünglich gewissermaßen die Basis des Buchstabensystems waren.

Aus dem Jahreslauf der Sonne (Bild 5/4) ist das weitere Buchstabensystem abgeleitet. Links im Bild 5/4 sind in den Kolonnen a und b runde Schreibformen des oben dargestellten Schemas angegeben, rechts in den Kolonnen c und d die eckigen Ritzformen der Ableitung. In Kolonne e ist das Kreuz gezeichnet, das die Sonne durchläuft. Zeile 1 zeigt den ersten Schritt der Entwicklung, die volle Form des Sonnenlaufes mit der Spaltung. In Zeile 2 sind die beiden Hälften der Spaltung auseinandergerückt, beide Hälften sind aber noch paarweise beisammen. In der Zeile 3 ist die Darstellung vereinfacht, indem der Spaltungsstrich fortgelassen ist. Im nächsten und letzten Schritt, hier nicht gezeichnet, wäre jeweils nur eine Hälfte der Spaltform benutzt. Die Spaltform 2b und 2d, aber jeweils nur eine Hälfte, findet man in Bild 5/14, z. B. in der Zeile r der Kolonne 2, die Spaltform 2c steht in der Zeile d, Kolonne 8, diese ist eine sehr alte Form, der Buchstabe 3b befindet sich in Zeile j, Kolonne 4a [1/1].

Die weltweite Verbreitung dieser Schrift sieht man daran, daß die Form 3d als Zeichen für „Olin" = Bewegung in Alt-

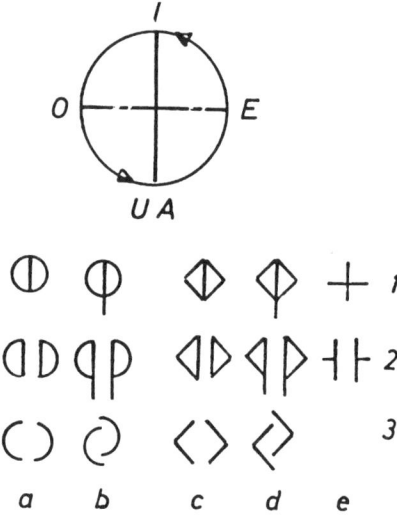

5/4 Jahreslauf der Sonne und die davon abgeleiteten Buchstabenformen [1/1].

mexiko zu finden ist. Die beiden Winkel sind derart zusammengerückt, daß sich in der Mitte der Durchstoßpunkt der Weltachse bildet (Bild 5/5).

Diese Erfindung hat viele Abwandlungen entwickelt, die sich durch Abschleifen der oben aufgeführten Grundbilder gebildet haben, oder es sind neue Formen entstanden. Der früheste aufgefundene Buchstabe ist „A" auf einem Rentierstab, entdeckt in Gourdan, Frankreich. Der Fund ist auf die Zeit zwischen 25 000 und 12 000 v. Chr. zu datieren. In Bild 5/14 ist er in die Kolonne 1 aufgenommen, Bild 5/6 [1/1, 5/2].

In der Höhle von Mas d'Azil (Dép. Ariège, Frankreich) fand Eduard Piette 1887 Kiesel, 9 bis 10 cm groß, die mittels roter Farbe aus Eisenoxyd und Fett oder Harz mit Zeichen versehen sind (Bild 5/7). Die Fundstücke wurden vom Ausgräber dem jüngeren Magdalénien zugeordnet, also auf die Zeit um 9000 v. Chr. datiert. Das geschätzte Alter wurde von hinzugezogenen kompetenten Zeugen bestätigt. Außerdem

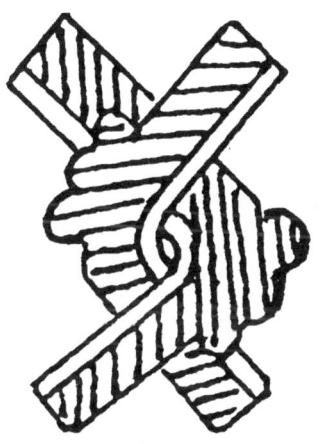

5/5 Das Zeichen Olin = Bewegung, Altmexiko.

5/6 Schriftzeichen auf einem Rentierstab, Kultur Gourdan, Zeit 2 5000 bis 12 000 v. Chr. [5/2].

wurden bereits vorher, 1874, in der Grotte de La Cronzade bei Narbonne zwei ähnliche Stücke gefunden. Die Kiesel konnten in drei Gruppen eingeteilt werden, und zwar in solche mit Strichen und Punkten bzw. Scheiben, Steine mit graphischen Zeichen und Kiesel mit Buchstaben. Die Deutung der Zeichen auf der letztgenannten Gruppe wurde von der

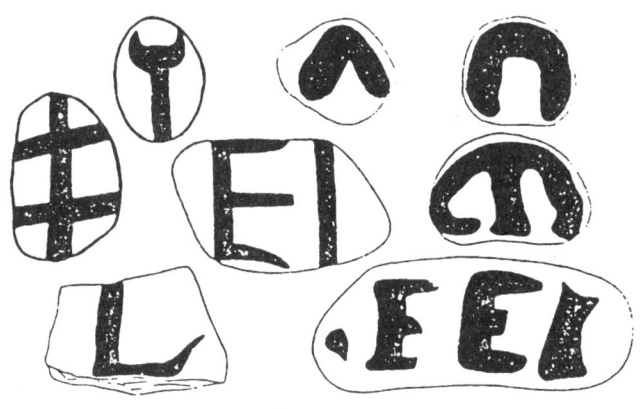

*5/7 Bemalte Kiesel von Mas d'Azil
(Südfrankreich 9 000 bis 8 000 v. Chr.) [5/3].*

damaligen Fachwelt aus nicht stichhaltigen Gründen zurück-
gewiesen [5/2, 5/3]. Diese Einwände sind inzwischen über-
holt. Ähnliche bemalte Kiesel wurden auch an der Caithness-
Küste in Schottland gefunden. Zu vermuten ist, daß diese bemalten Steine Orakeln dienten wie die germanischen Runen.

Die wichtigsten Urkunden, die das Alter der Lautschrift einerseits und gleichzeitig die Vollkommenheit derselben demonstrieren, stellen die Steinplaketten dar, die im Dolmen
Nr. 8 von Alvão bei Pouca d'Aguiar, Nordportugal, gefunden
wurden. Diese Zeichen sind in Bild 5/14 in der Kolonne 2
aufgeführt. Wesentlich ist, daß die Inschriften in Zeilen ge-
ordnet sind, wodurch zum Ausdruck kommt, daß die Schrif-
ten zum Zeitpunkt der Niederschrift auf den Plaketten keine
Orakelzeichen mehr waren, sondern bereits zu Mitteilungen
dienten (Bild 5/8). Die Anordnung in Zeilen war eine Erfindung für sich. Sie hat erhebliche Vorteile, weil sie ein Lesen
der Niederschrift praktisch erst möglich macht.

Übersetzt sind die Plaketten noch nicht; es müßte aber mit
einiger Mühe möglich sein, wenn man davon ausgeht, daß
die Fundstücke zur Megalithkultur gehören, deren gemeinsame Sprache dem Sumerischen und dem Baskischen ähnelt.

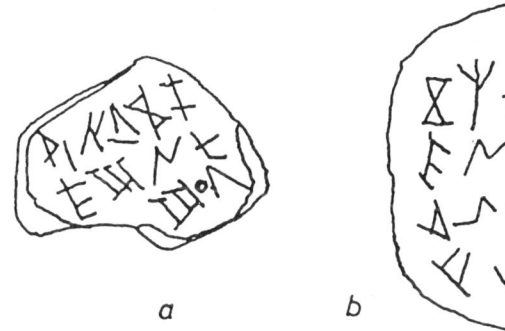

a   b

5/8 a und b Steinplaketten aus Dolmen Nr. 8 von Alvão
(Nordportugal) [6/2].
Auf der Rückseite des Stückes b befindet sich ein Zeichen, das als
Sonnensymbol gedeutet werden kann [1/1, 5/3].

Die Zeit ist auf etwa 4000 v. Chr. oder früher zu datieren. In
dieser Epoche war die Entwicklung der Lautschrift also im
wesentlichen abgeschlossen. Georg Wilke [5/2] schreibt dazu: „Aber auch die nordportugiesischen Inschriften können
noch nicht die ersten Anfänge der Schrift bedeuten. Dazu
sind auch sie, wie namentlich die oben (Bild 5/8) abgebildete
fünfzeilige Inschrift von Alvão zeigt, zu kompliziert. Eine
Entwicklung muß vielmehr vorausgegangen sein, bis man
dahin gelangt, in so wohlgefügten Reihen seine Ideen schrift-
lich niederzulegen."
    Eine andere frühe Schrift, deren Entdeckung großes Auf-
sehen erregt hat, ist die von Glozel, Dép. Allier, Frankreich,
deren Alter dem Ende des Magdalénien zugeordnet wurde,
also den Jahren um 10 000 v. Chr. (Bild 5/14, Kolonne 3).
Das Aufsehen hat diese Schrift dadurch erregt, weil sie, wie
so oft, wenn ein Fund nicht in das vorgefaßte Bild der Spe-
zialisten paßt, zunächst als Fälschung bezeichnet wurde. Erst
mit Hilfe des Gerichts konnte dieser Vorwurf ausgeräumt
werden. Eine Fälschung ist schon aus dem Grund unwahrscheinlich, weil die Zeichen der Kolonne 3 bruchlos in das
Bild 5/14 passen.

Für unsere Betrachtung sind noch die rätischen Runen wichtig, weil das Rätische entweder identisch oder nahe verwandt mit dem Baskisch-Sumerischen ist. Aus diesem Grund gehört die Kolonne 5 eigentlich hinter die Kolonne 3, also vor das Germanische. Das ergibt sich auch aus der Geschichte Südtirols, stellvertretend für ganz Europa. Die Räter, also die Vorindogermanen, waren vor den Germanen da.

Vorschläge zu Übersetzungen sind aus dem rätischen Kulturkreis gewählt, weil im Alpengebiet gut leserliche Inschriften zu finden sind. Es sind bereits einige Deutungen versucht worden, so z. B. mit Hilfe des Etruskischen, dem Keltischen und dem Illyrischen. Diese Bemühungen führten ins Leere. Der historischen Wirklichkeit näher kam Linus Brunner [5/6]. Er wies auf eine semitische Sprache hin, die dem Akkadischen verwandt ist. Seine Übersetzungen lagen aber noch weit ab vom Ziel. Für das Rätische ergab sich erst eine Lösung, nachdem es zur sumerisch-baskischen Sprachengruppe gehörend erkannt war. Der Übersetzung mögen noch einige Bemerkungen vorausgeschickt sein. Eine Bedingung zur Eindeutigkeit einer Niederschrift sind deutliche Buchstaben. Weist eine Inschrift durch Verwitterung oder undeutliche Aufzeichnung Lücken auf, so ist eine Unsicherheit in der Wiedergabe unvermeidlich. Auch müssen die Laute den Buchstaben eindeutig zugeordnet sein. Wenn man bei der Übersetzung von dem Sumerischen ausgeht, eine andere Möglichkeit ist dem Autor nicht bekannt, so ist das, wie im Abschnitt „Die Sprache" ausgeführt, nicht gegeben. Da ferner die Silben sehr häufig mehrdeutig sind, zumal die Buchstaben auf den Schriftstücken keine Betonungen (Akzente) angeben, kann der Übersetzer die richtige Wahl aus dem Angebot der Silben nur aus dem Zusammenhang folgern.

Das Sumerisch-Baskische ist eine agglutinierende Silbenschrift, d. h. die grammatikalischen Funktionen werden durch Anfügen von Buchstaben und Silben an den Wortstamm ausgedrückt. Darum wurden die Silben der Inschriften in den Übersetzungen untereinander angeordnet.

Die den Übersetzungen zugrunde liegenden Zeichnungen wurden in der Zeile a) in der Ritzung unverändert wiederge-

5/9 Hirschhorn-Votiv aus Magrè,
Museo provinciale d'arte di Trento [5/6].
a) Originalschrift, b) Reinschrift c) Umschrift auf lateinisches
Alphabet. Der Pfeil gibt die Leserichtung an.

geben. Zeile b) enthält eine Reinschrift und Zeile c) eine Übertragung in das lateinische Alphabet. Die Richtung der Lesung bezeichnet ein Pfeil.

Es sei begonnen mit einer einfachen Inschrift auf einem Stück Hirschhorn (Bild 5/9) [5/6]. Der Text der Inschrift leitet sinnentsprechend auf das Sumerische hin, denn zweimal erscheint die den Lokativ ausdrückende Silbe KE nach einem Ortsbegriff, nämlich E = Berg und NA = Himmel. Das Lehrbuch bezeichnet den sumerischen Lokativ mit den Silben KA und GE, KE gehört aus den im Abschnitt „Die Sprache" angegebenen Gründen dazu.

Die Übersetzung lautet wie folgt:

Riti	Riti oder Reti. Rätische Göttin, die vermutlich der Großen Mutter entspricht,
E	Berg,
KE	Lokativ (Fall, der auf einen Ort hinweist),
AR	Heiligenschein,
I	erhaben sein; emporsteigen,
NA	Himmel,
KE	Lokativ.

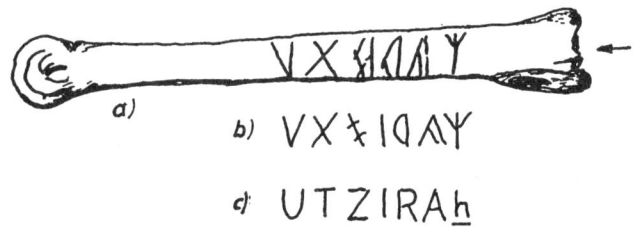

c) UTZIRAh

5/10 Inschrift (VN 8) auf einem Knochen,
gefunden im Vintschgau [5/7].

Reti und der Heiligenschein können auch in einem Genitiv-Verhältnis stehen, das im Sumerischen nicht bezeichnet zu sein braucht. Die Lesung des Lautes t im Namen der Reti entsprechend dem Laut th wie im Englischen ist an sich Phantasie, er kommt aber vermutlich der Wirklichkeit ziemlich nahe.

Bild 5/10 [5/7] zeigt eine Ritzung auf einem Knochen, der im Vintschgau (Südtirol) gefunden wurde. Der erste Buchstabe (bezogen auf die Leserichtung) rechts bezeichnet einen uns unbekannten Konsonanten, der dem deutschen „ch" in Loch oder ich oder dem j entsprechen mag. Der Übersetzer wählte die erste Möglichkeit und bezeichnet ihn in der Umschrift mit h̲. Als Besonderheit weist der Text eine sogenannte Synkope auf, d. h. die Verkürzung einer Silbe, hier der Silbe ZA, zum Zwecke eines dichterischen Taktes oder einfach zur Spracherleichterung. Als Übersetzung wird vorgeschlagen:

h̲AR   Donner (Gewitter),
I   sich erheben, emporsteigen,
Z   du (eigentlich ZA (sum.) oder SU (bask.),
TU   tue, mache (Beschwörung).

Die Inschrift auf dem sogenannten Stein von Stadlhof bei Platten (Vadena), Südtirol (Italien) (Bild 5/11) [5/6] weist ebenfalls eine Besonderheit auf, nämlich den 6. Buchstaben

58

5/11 Stein von Stadlhof bei Platten (Vadena),
Südtirol (Italien). Rotes Porphyrgestein [5/6].

(in Leserichtung) von rechts. Er wird in der Literatur [5/8, 5/10] mit der Umschrift „V" erklärt. Dieses „V" wird, wie es scheint, im allgemeinen irrtümlich als Laut „f" aufgefaßt. Der Laut „f" wurde aber in dem uns interessierenden Kulturkreis zu jener Zeit nicht geschrieben, weder im Sumerischen noch im Baskischen, nicht im Iberischen (Spanische Megalithkultur), auch nicht mindestens in einigen altgriechischen Städten, wie z. B. Thera, Melos, Athen, Thessalien u.a. [5/9]. Das Zeichen entspricht also einem uns unbekannten Laut. Da, wie im Zusammenhang mit Bild 5/10 dargelegt wurde, das Schriftzeichen in der 3. Zeile von unten in der Tabelle (Bild 5/13) bereits glaubhaft mit „ch" belegt ist, sollte es hier ein anderer, in unserer Schrift nicht identifizierter Laut sein. Es wird vorgeschlagen ein besonderer r-Laut, vielleicht ein Zäpfchen-r im Unterschied zum Zungen-r oder umgekehrt. Damit ist eine glaubhafte Übersetzung möglich.

Vor der Übersetzung der Inschrift muß noch ein Fehler in der Inschrift bereinigt werden. Dieser ist offenbar beim Färben der Ritzung unterlaufen. In der oberen Zeile ganz rechts befindet sich ein kurzer schräger Strich, der keine Verbindung mit dem benachbarten senkrechten langen Strich hat. Beide zusammen wurden bei den früheren Übersetzungsversuchen als Laut „p" gelesen. Dazu müßte er aber, die Leserichtung berücksichtigend, auf der anderen Seite der Senkrechten angeordnet sein. Der kleine Strich gehört also nicht dazu, sondern der erste Buchstabe ist ein „I".

Damit ergibt sich folgende Übersetzung:

I	Erhaben sein; emporsteigen,
NA	Himmel,
KE	Lokativ,
?ITA	Rita,
MU	meine,
LA	Fülle, Fruchtbarkeit (?),
PES	mehre (Beschwörung).

Nicht klar ist es, ob sich der Schreiber an die Göttin Reti gewandt hat oder ob er seine verstorbene Ehefrau Rita beschwor mit dem Anruf: „An den Himmel enthobene, vermehre die Fruchtbarkeit (unserer Felder)."

Bild 5/12 zeigt eine Stele, die in der Nähe des Luganer Sees (Schweiz) gefunden wurde. Dieser Stein birgt einige Probleme. Der erste Zweifel besteht in der Aussage der Literatur, er sei leptonisch. Die Leptonen waren Indogermanen, diese hatten eine Sprache mit einer anderen Grammatik als die Räter, die sumerisch-baskisch sprachen. Die Inschrift kann glaubhaft mit Hilfe des Sumerischen übersetzt werden. Der Stein ist also nicht leptonisch, obwohl er in einem sogenannten leptonischen Gebiet gefunden wurde.

Die Inschrift beginnt mit einem verdorbenen Buchstaben, der in der Literatur als M gelesen wurde. Der Übersetzer vermutet wegen der Gliederung der Beschriftung in ihr ein Gedicht und setzt statt des zweifelhaften M aus Gründen des Sprachrhythmus ein N, das allerdings ebenfalls zweifelhaft ist. Ferner enthält die Schreibung mehrere Buchstaben O. Das Sumerische, die einzige Sprache, auf die sich die Forschung erfolgversprechend stützen kann, überliefert aber kein O. Es handelt sich also um einen Zwischenlaut, der den zur Verfügung stehenden überlieferten Vokalen A, E, I, U sinnvoll zugeordnet werden muß. Am Ende der Inschrift vor

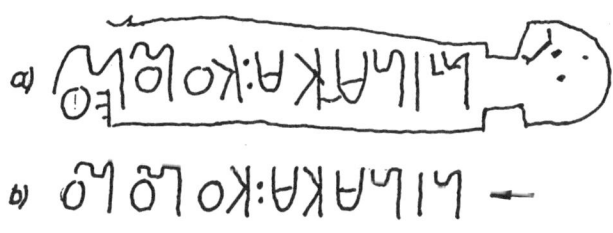

5/12 Stele von Stabio (Inv.Nr. III C 186 b),
Chur, leptonisch (?) [5/10].

dem letzten O wurde in der Literatur ein N gelesen, es ist aber ein deutliches M, denn dieses endet mit einem Abstrich (ein N endet mit einem Aufstrich, siehe Bild 5/13).

Eine echte Unsicherheit verursacht eine Undeutlichkeit der Schreibung des letzten Wortes. Die Literatur [5/8] liest zwischen dem M und dem O ein E. Der Übersetzer sieht hier statt dessen eine verdorbene Umrandung. Wie unten gezeigt wird, kommt beides sinngemäß auf das gleiche hinaus.

NI	das Selbst (sum.), ich (bask.),
NU	Mensch,
KU	werfe (mich) nieder,
KO=KA	da vorher ein KU steht, kann das O nicht der Laut „u" sein, es wird ein offenes O angenommen, somit ein A gesetzt, also Antlitz,
MO=ME	Mutter,
MO=ME	Mutter = um-um, vermutlich gleich Große Mutter. Das zweite Mo könnte auch Mu = Beschwörung bedeuten, dann wäre ebenfalls die Große Mutter gemeint.

Laut	Bozen Magré	Lepontisch
a		
e		
z		
h		
i		
k		
l		
m		
n		
o		
p		
š		
r		
s		
t		
u		
ḫ ≈ ch ≈ j		
≈ r(?)		
ṭ ≈ th		

5/13 Tabelle der im Rätischen benutzten Buchstabenzeichen [5/8, geändert].

Führt man das zweifelhafte E ein, dann hieße das letzte Wort MEO. Daraus ergäbe sich

ME=MU	Himmel, Beschwörung,
O=A	als offenes „o" gleich a = Kraft, Macht.

Der Sinn des Wortes wäre dann „Macht des Himmels". Ein Genitiv (Abhängigkeitsverhältnis) benötigt im Sumerischen kein verbindendes Element.

Pho.	1 Mas d'Azil	2 Alvã. Iberi.	3 Gloz.	a b c Germanisch allge. nord. angel.			5 Räter	6 Etrus.	7 Ägy. vord.	8 Chin. arch.	9 Phön.
a	A	A	A ᛝ	ᚨ	ᚲ	B	A A	A ᗡ	A	A A	ᚦ ᚨ
b		ᒿ ᒋ		ᛒ	ᛒ	B		ᚦ			ᕊ
d			ᐃ	ᚦ	ᚦ	ᚦ		ᐃ	ᛞ	ᕊ ᑫ
e	E	E Ɇ	ᚠᚠ	M N		M	ᛝ ᑕ	ᕌ	ᚠ	±	
f	ᚠ		ᚻ ᐱ	ᚡ	ᚡ	ᚡ		ᕌ		Ŧ	
g		ᐸ C		ᚷ	ᚷ	ᚷ		ᐳᐳ	∠ᚱ		ᚠ ᐱ
h		H ᚦ	H	N ᚻ	ᚷ	ᚾN	ᚻᚱ	ᚼ ᚻ	H ᚷ		ᚷ ᐱ
i	I	I ᚢ		I	I	I	I	I	I	I	
j			ᚷᚻ N								
k	ᚦ ᚼ	K ᚴ	K	ᐸ	ᚱ	ᚻ	K ᚴ	ᚼᚼ	↓ᚼ	ᚦ	ᚤ ᚦ
l	ᒪ	ᚱ ᚳ	L L	ᚱ	ᚱ	ᚱ	ᚱ ᛁᛁ	ᒕ	ᚱ L	ᛁᚱ	ᚻ ᚱ
m		ᛘ ᛦ	ᚷ	M		M	ᛘᛘ	ᛝᛝ	⋈	ᚻ	ᛦᚤ
n		ᚱ	N	ᚻᚤ	ᚤ	ᚤ	ᛘ ᚱ	ᚤ ᚻ			ᚤ
o		O	◻	ᚩ	ᚠᚼ	ᚳ	O		O◻	ᚩ	
p	1	ᚱ ᚱ	ᚱ ᚱ	ᚦ ᚤ		ᚴ ᚻ	ᚤᚤᚤ	ᛁᛘᚱ	ᚱ		ᚤᚤ
q		ᚤ x	Q					Q	ᚤᚤ		ᚤ ᛝ
r		ᚦ	R	R	ᚱ	R	ᚤᚤ	ᚤᚤᚤ	ᛐ		ᚤ
s		ᚤ	S	ᚤᚤ	ᚤᚱ	ᚤᚤ	ᚤᚤ	ᚤ ᚤ	ᚤ ᚤ	ᛋᛋ	ᚤ ᚻᚴ
t		X T	T	↑	↑	↑	x +	ᚤ T	+	↑ +	x +
u	ᚢᚢ	ᚢ	ᚢᚾ	ᚾ	ᚻ	ᚾ	ᚢᚾᚦ	ᚤᚢ	ᚢ	ᚢ	
w			ᚦᚦ	ᚦ				ᚤ	ᚤᚤ	ᚤᚦ	ᚤ
y	ᚤᚤ		ᚤᚤ		ᚱ		ᚤ	ᚤᚤ	ᚤᚤ		
z	‡	ᚤ	⊥				ᚤ	ᚤᚤI	ᚤ	ᚤ	‡ I
ž	ᛘM	M Σ					ᛘᛝ	ᛘᛝ	ᚤ ᚤ	ᛘ	ᚤ ᚤ
h			ᚤ				ᚤ	ᚤᚤ	ᚤ		
≈th	ᚤ		⊗ ⊖	ᚤᚤ	ᚦ	ᚦ	ᚤ↑	⊖⊗			
≈r							ᚳᚱ	ᚱ			
ph			ᚣ				ᚤ ᚤ	ᚤ ᚤ	ᚤᚤ		

5/14 Tabelle antiker Buchstabenschriften und, soweit bekannt, ihre lautliche Bedeutung.
Die Pfeile geben die Leserichtung an.
(Die Leserichtung nicht immer berücksichtigt.)
(Fortsetzung siehe nächste Seite)

Zu Bild 5/14:

1. Zeichen auf bemalten Kieseln, die in der Höhle von Maz d'Azil, Ariège (Frankreich) gefunden wurden. Etwa 9 000 v.Chr. Da die Laute unbekannt sind, wurden sie durch Vergleiche mit bekannten Zeichen unverbindlich eingeordnet (Bilder 5/6, 5/7 [5/2]).

2. Alvão, Pouca d'Aguiar (Nordportugal). Iberische Megalithkultur, etwa 4 000 v.Chr. oder früher. Laute unverbindlich eingeordnet (Bilder 5/6, 5/7 [5/2]).

3. Prähistorische Schriftzeichen auf Tontäfelchen, gefunden bei Glozel Dép. Allier (Frankreich). Etwa 15 000 bis 9 000 Jahre v.Chr. Laute unverbindlich eingeord-net.

4. Germanische Runen, Zeit des Ursprungs unbekannt. Lautwerte gesichert. a) Altgermanische Runen, b) Nordische Runen, c) Angelsächsische Runen. Im Angelsächsischen haben die Laute a und o (vermutlich ein offenes o) die gleichen Zeichen.

5. Rätische Runen aus dem Gebiet von Bozen. Im leptonischen Alpengebiet wurde abweichend vom sonstigen Rätien ein „O" geschrieben. Im Unterschied von den Rätern sind die Leptoner Indogermanen. Die Zusammenhänge sind unbekannt.

6. Etrusker. Alter unbekannt. Die Laute können als gesichert gelten.

7. Altägypten. Vordynastisch, also älter als 3 000 v. Chr. Die Laute sind nicht ganz sicher [5/4].

8. Archaisches Chinesisch, sehr alt. Laute unbekannt. Die spiegelbildlich dargestellten Zeichen bedeuten einen gemeinsamen Buchstaben, siehe Bild 5/4 [5/1].

9. Phönikisch. Die Buchstaben haben zahlreiche Varianten, von denen nur einige aufgeführt sind. Laute gesichert.

6. Die Megalithkultur

Zu den herausragenden kulturellen Äußerungen der Vorindogermanen gehört das Megalithikum. Hier soll nicht die Gestalt beschrieben werden, darüber gibt es bereits viel gute Literatur [6/1, 6/2], in der die bedeutenden Kultstätten wie Stonehenge in England, Carnac in Frankreich und Mykene in Griechenland hinreichend beschrieben und zu deuten versucht worden sind. Das Thema dieser Arbeit soll vorzugsweise der Versuch sein, die Sinn-Inhalte einschließlich der Religion soweit wie möglich zu deuten. Gewissermaßen als Randproblem dazu soll auch auf die Rätselhaftigkeit der Technik zur Errichtung der großen Bauten eingegangen werden.

Kunst ist zum einen das Können, etwas zu schaffen, was ein anderer nicht kann. Dies ist aber nicht alles, was wir unter Kunst verstehen. Kunst ist auch, sichtbar zu machen, was ohne das Sichtbarmachen nicht sichtbar wäre (Klee). Kunst ist auch etwas, das wir kennen, uns aber verborgen ist, erkennbar zu machen. Diese drei Merkmale der Kunst machen die Beurteilung der Megalithkultur so problematisch. Es ist zwar zweifelhaft, ob wir trotz unserer Baumaschinen die gigantischen Werke der Vorindogermanen wiederholen könnten. Wenn es so wäre, dann wäre das lediglich ein technisches Problem. Schwieriger ist es, die anderen Kriterien zu beurteilen. Jede Epoche bringt nämlich ihre eigenen Kunstprinzipien hervor, die nicht wiederholt werden können. So ist auch die Kunst des Megalithikums nicht wiederholbar, was vermutlich auch nie beabsichtigt werden wird. Aber weil wir nicht so denken wie die Menschen damals, ist uns auch ihr Handeln nicht verständlich. Ihre Beweggründe sind nicht erkennbar. Warum wurden beispielsweise so riesige Steine aufgetürmt, wenn ähnliche Bauten auch mit kleineren Ausmaßen nach unserer Ansicht einfacher und problemloser ausgeführt werden könnten?

Gehen wir bei unserer Betrachtung von den Schöpfungen der Menschheit aus. Die Altsteinzeit brachte mit der Höhlenmalerei und mit Ritzzeichnungen auf steinernen Unterlagen ausdrucksstarke Wiedergaben der Natur hervor. Die Kunst der Antike, d. h. der Indogermanen, schien an diese Tradition anzuschließen. Das gilt sowohl für die Bildwerke des dynastischen Ägyptens als auch für die des archaischen bis hellenistischen Griechenlands. Diese Tradition wurde fortgesetzt und weiterentwickelt, ging aber bis ins 19. nachchristliche Jahrhundert trotz genialer Schöpfungen nicht über einen realen Idealismus hinaus. Zwischen diesen beiden Pfeilern der menschlichen Kultur ragte das Megalithikum turmartig empor und wandte sich einem heute nicht mehr erkennbaren Überirdischen zu. Durch Abkehr von einer Realität entfaltete es eine schöpferische Kraft, die nie wieder erreicht wurde.

In Abschnitt 2 wurde mit Bild 2/1a eine Plastik aus dem Baltikum gezeigt, daneben wird jetzt ein Grabstein gestellt (Bild 6/1), der bei de la Vaulx, Vendec (Frankreich) gefunden wurde. Aus beiden Bildwerken kann auf die weite Verbreitung dieses Kunststils und gleichzeitig auf die Bedeutung eines sakralen Ritus geschlossen werden. Eine Gestalt wächst aus der Erde heraus. Statt eines Gesichtes trägt sie ein Kreuz. Die damalige Bedeutung des Kreuzes kann man nur vermuten. Wahrscheinlich kennzeichnet es die Sommer- und Wintersonnenwende zusammen mit den beiden Stellungen der Tag- und Nachtgleiche. So wäre es dann das Sinnbild der Wiedergeburt. Zwischen den beiden langen waagerechten Strichen erkennt man die fünf Finger, dem Kamm ähnlich, das Zeichen der Hand, das die Erdverbundenheit symbolisiert. Es ist also die „Mutter Erde", die „Steinmutter", die „Große Mutter", die Herrin über Leben und Tod. Die Große Mutter ist mythologisch am Leben geblieben bis in die Keltenzeit, allerdings hat sie sich dort verdreifacht in Gestalt der drei Matronen oder der drei Bethen. Das sind Ambethe, die Erdmutter, Borbethe, die Mutter Sonne, und Wilbethe, die Mondgottheit. Die Erdmutter überdauerte als die „Schwarze Madonna" von Tschenstochau, Würzburg und anderen Orten, und sie lebt noch heute in unserem Samstag, nämlich s'Ambethe, ihr Tag [6/12].

Geht man über das Rituale hinaus, dann fächerte sich die Kunst auf. Sie wurde nicht abstrakt, sie haftete aber auch nicht im Gegenstand. Sie ist schwer zu ergründen. Wurde die menschliche Gestalt umgewandelt, um sie dem Stein anzu-

6/1 Mutter Erde in de la Vaulx, Vendée, Frankreich [6/4].

passen, oder wurde der Stein auf das Wesen des darzustellenden Menschen zugehauen? Deutlich wird diese Ambivalenz durch die idealistische Ästhetik der Bildwerke, die mit den Bildern 6/2 und 6/3 nebeneinandergestellt ist. Man sieht fast kontradiktorische Gegensätze, eckig – rund, hart – weich, wehrhaft – friedlich, männlich – weiblich. Es sind einfache, aber polarisierende Formen von eindringlicher Bildhaftigkeit.

In der Megalithkultur wird ein schöpferischer Geist spürbar, der zum – man möchte fast sagen – Überirdischen führte. Dieses Gestaltungsprinzip brachte Bauten hervor, deren Größe nicht mehr einem unmittelbaren Zweck dienten. Besonders einprägsam ist das Heiligtum Stonehenge in England (Bild 6/4) und die Steinalleen bei Carnac in der Bretagne.

6/2 Weiblicher Menhir von den „Pédras marmuradas" [6/1].

Letztere wurden errichtet aus Reihen unbehauener Felsblök-
ke aus Granit. Sie beginnen mit einer Größe von etwa 4 bis
5 m und werden von Stein zu Stein kleiner, bis sie nach 600
m eine Höhe von etwa 1 m haben. Es ist das erste Mal in der
Kunstgeschichte, daß eine Gruppierung von frei stehenden
Steinen ohne für uns erkennbaren Zweck in diesen Massen
aufgestellt wurde. Offensichtlich haben diese Alleen einen
sakralen Sinn gehabt; denn noch heute kann sich der Be-

6/3 Menhir-Skulptur vom Varna-See, Bulgarien [6/5].

trachter der Wirkung dieser „liegenden Kathedralen" nicht entziehen.

Zur Kunst gehören auch die „Megalithbausteine", die dieser Epoche ihren Namen gegeben haben. Wenn ein Bauwerk aufgeführt wird aus riesigem Material – so das Löwentor von Mykene (Bild 6/5), die Grundmauern von Mykene, die Zyklopenmauer bei Cuscos (Bild 6/6), die Bauten bei Baalbek (Bilder 6/9 und 6/8) u. a. – und der gleiche Zweck auch mit kleinerem und daher handlicherem Werkstoff – wie wir meinen – erfüllt werden könnte, so ist das nach den eingangs erwähnten Bedingungen Kunst; denn das kann auch heute niemand so einfach, und es wird sichtbar gemacht, was ohne

6/4 Stonehenge.

diese Bauten nicht sichtbar wäre, nämlich die Wehrhaftigkeit. Auch das bekannte und charakteristische Zurüsten und Einpassen der Bausteine ist aus gleichem Grund Kunst.

Bei der großen Pyramide in Gizeh, auf die später ausführlich eingegangen werden wird, ist der Charakter des Kunstwerkes spürbar; denn es ist wohl eines der beeindruckendsten Bauwerke aller Zeiten. Der Betrachter spürt, daß aus dieser Architektur die Wissenschaft ablesbar ist.

Es ist schwer, die Kunst des Megalithikums in unsere Stile einzuordnen. Sie ist kein Realismus, kein Idealismus, kein Expressionismus, aber auch keine abstrakte Kunst. Wie alles bei den Vorindogermanen, entzieht sie sich zunächst unserem Verständnis. So könnte man geneigt sein, sie primitiv zu nennen. Das ist sie aber keineswegs, im Gegenteil! Es ist ein Stil, der sich an die Seele, das Gemüt wendet. Man könnte ihn am treffendsten „Animismus" nennen.

Es wird häufiger übersehen, daß die Megalithbauweise nicht nur die Aufgaben des Transportes und des Aufrichtens der großen Natursteine löste, sondern es mußte auch das Problem des Bearbeitens und Zusammenfügens der Elemente eines Bauwerkes bewältigt werden; denn Mörtel oder dergleichen fielen aus irgendeinem – noch nicht bekannten – Grunde offenbar aus (mit Ausnahme der Großen Pyramide).

6/5 Das Löwentor, Mykene.

Als Beispiel sei zunächst Stonehenge in England angeführt, vermutlich ein religiöses Zentrum (Bild 6/4). Den Kern dieser Anlage bilden fünf sogenannte Trilithen, die hufeisenförmig angeordnet sind und wahrscheinlich zum Totenkult gehörten. Trilithen werden von zwei in einem Abstand angeordneten Pfeilern und einer diese verbindende, als Architrav dienende Platte gebildet. Die Pfeiler wachsen von außen zur Mitte hin von 6 m Höhe auf 7 m empor, wobei sie zusätzlich mit einem 2,5 m messenden Fuß im Boden verankert sind. Sie sind so behauen, daß sich in Längsrichtung eine leicht konvexe Form ergibt. Damit ist die „Entasis" der griechischen klassischen Säulen vorweggenommen. Die Deckplatten-„Architrave" sind in der Längsrichtung der Hufeisenform entsprechend gebogen ausgeführt und zusätzlich unten breiter als oben bearbeitet. Die Pfeiler sind auf der oberen Fläche mit einem Zapfen versehen, der in eine entsprechende Höhlung an der Unterseite des Architravs paßt. Damit sind die Elemente der Trilithen gegeneinander festgelegt. Daß die Steinriesen für Stonehenge herbeitransportiert, für ein sehr kompliziertes Bauwerk vermessen, behauen, zum Bearbeiten mehrfach gewendet, die Pfeiler im Boden verankert und die Platten des Architravs auf den Pfeilern montiert werden konnten, alles das ohne Baumaschinen und nach heutigen Vorstellungen nur mit Steinwerkzeugen, erscheint uns als ein Wunder.

Exkurs: Außer der religiösen Bestimmung von Stonehenge, die durch die Hufeisenform zum Ausdruck kommt, hat dieses Bauwerk fraglos den Zweck eines Sonnen- und Mondkalenders. Nicht so offenbar ist, daß aller Wahrscheinlichkeit nach Stonehenge auch ein Horo- skop darstellt. Hier konnte die Präzession der Erd- achse und damit die zwölf Tierkreiszeichen, die über Jahrtausende die gleichen geblieben sind, in Bezie- hung gebracht werden zu den Sonnen- und Mondauf- gängen und zu den Stellungen der Planeten. So glaubt man, die Weltschicksale ablesen zu können. Sicher war angestrebt, nicht nur zu wissen, daß ein Geschick eintreffen wird, sondern möglichst auch warum. Man hoffte vermutlich so, den Staat lenken zu können. Das würde die schwer durchschaubare Bauweise begründen.

Charakteristisch ist das Aufführen und Ineinanderklinken der Mauern. Das „Löwentor" von Mykene in Griechenland ist ein Musterbeispiel für die Baukunst der Megalith-Meister. Kennzeichnend ist das „Falsche Gewölbe", welches ein so- genanntes Entlastungsdreieck über dem Deckbalken des To- res bildet. Hier ist es durch das Bildwerk mit zwei antithe- tisch angeordneten Löwen ausgefüllt (Bild 6/5) [6/5].
Das Bild der Antithese scheint typisch für die vorindoger- manische Kultur zu sein; sie hat lange überdauert in Mesopo-

tamien. Die Darstellung wandelte sich, z. B. zwei sich zukehrende Stiere, dazwischen ein Mensch (Gott), zwei Ziegen, dazwischen ein Baum, zwei sich zukehrende Löwen, dazwischen eine Säule. Die Vorindogermanen waren weit davon entfernt, „primitiv" gewesen zu sein. So könnte das Bild philosophisch gemeint sein: These, Antithese, Synthese. Im allgemeinen haben derartige Grundsätze aber ein Vorbild in der Natur, insbesondere am Firmament, speziell am nächtlichen Sternenhimmel. Eine besondere Bedeutung kam damals dem Himmelspunkt des Nordens zu (heute der Nordstern), so ist z. B. die Große Pyramide genau nach Norden ausgerichtet. Unsere Erde führt bekanntlich eine Präzessionsbewegung aus, bei der ihre Achse die Bewegung eines Kreisels ausführt. Die Folge ist, daß der Nordpunkt am Himmel einen Kreis beschreibt. Die Dauer dieser Kreisbewegung beträgt 25 800 Jahre. Bezieht man das Bild über dem Löwentor auf diese Erscheinung, dann würde die Säule zwischen den Löwen die Himmelssäule darstellen, astronomisch die Erdachse, und die beiden Löwen zwei besonders helle Sterne, d. h. das Bild würde den Nordpunkt am Himmel symbolisieren. Diese Situation hatte sich ergeben, als die Erdachse auf einen Punkt zeigte, der sich zwischen der Wega im Sternbild der Leier und dem hellsten Stern des Sternbildes des Drachens befand. Das begab sich etwa vor 12 600 Jahren, das wäre dann auch die Hochblüte der von uns betrachteten Kultur gewesen.

Ein extremer Fall der Megalithbauweise – wenn auch nicht der extremste – sind die Zyklopen-Mauern der Festung Sacsayhuaman oberhalb von Cuzco in Peru (Bild 6/6) [6/6]. Wie war es möglich, diese Riesensteine zu formen und zu transportieren? Die Formung ist vom Standpunkt der Technik noch vorstellbar, wenn man vom Wenden der Werkstücke absieht. In Südamerika gibt es eine Technik, mit einer Schnur Steine, auch Metall, zu schneiden. Dazu verwendet man Fasern einer Agavenart, die mit einem ganz feinen kieselhaltigen Sand behandelt sind. Es wird berichtet, daß sich Indianer mit einem solchen Werkzeug aus einem Gefängnis befreit hätten, indem sie die Gitterstäbe damit durchtrennten [6/7]. In Europa werden ähnliche Werkzeuge zur Verfügung gestanden haben.

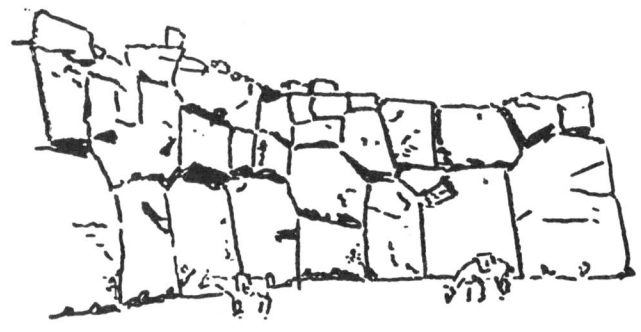

6/6 Zyklopenmauer der Festung Sacsayhuaman bei Cuzcos [6/6].

Das Transportieren ist aber problematischer. Es wird im allgemeinen erklärt mit einer großen Anzahl von Menschen und Rollen. Beide Mittel sind bei näherer Betrachtungsweise unrealistisch, was am Beispiel des rechten äußeren Steines des Bildes 6/6 gezeigt werden soll. Die Abmessungen dieses Steines werden auf $4 \times 4 \times 4$ m = 64 m³ geschätzt. Angenommen sei ein spezifisches Gewicht von 2,6 t/m³, dann wiegt der Stein 166 t. Dieser Stein soll angehoben werden. Jede hebende Person benötigt zum Angreifen etwa 0,5 m, dann können angreifen je Seite 8 Personen und damit am Umfang 32 Personen. Jede dieser Personen muß dann heben 166 t : 32 = 5 t oder 5 000 kg. Das ist nicht denkbar. Es liegt natürlich nahe, zu Hebeln zu greifen. Die Arbeiter am Ende des langen Hebelarmes hätten es leichter, aber den kürzeren Hebelarmen ist nach wie vor anteilig die oben errechnete Last geblieben. Da vermutlich Hebel aus Holz angenommen werden müßten, wäre das Gewicht auch für die Hebel viel zu hoch.

Wenden wir uns den Rollen zu. Nach unserem heutigen Weltbild von der Megalithkultur kommen nur Rollen aus Holz in Frage. Das Problem wäre allerdings nicht kleiner, wenn der Werkstoff Metall wäre. Schon die Herstellung der Holzrollen wäre schwierig. Die Bäume als Ausgangsmaterial müßten völlig gerade sein. Die Rollen müßten genau den gleichen Durchmesser haben. Ist das nicht der Fall, dann tragen nur die beiden dicksten Rollen. Wegen Überlastung würden diese durch Druck deformiert werden, bis die nächst kleineren Rollen die Last übernähmen. Das würde sich fortsetzen, bis alle Rollen die gleiche Dicke hätten. Dann wären alle, bis auf die letzten beiden, nicht mehr rund.

Würden die Rollen überhaupt tragen? Nimmt man einen Durchmesser von 0,25 m an mit einem Abstand von 0,15 m, dann beansprucht jede Rolle einen Platz von 0,4 m. Das sind bei einer Kantenlänge des Steines 4 m : 0,4 m − 1 = 9 Rollen. Jede Rolle müßte somit eine Last von 166 t : 9 = 18,4 t tragen bzw. je m Rolle 4,6 t. Unter dieser Last wären die Rollen nicht mehr rund. Rollen aus Metall hätten andere Probleme, ganz abgesehen davon, daß in der Megalithzeit angeblich für Werkzeuge kein Metall verwendet wurde. Es bleibt auch noch die Frage, wie die großen Steine auf die Rollen herauf- und heruntergebracht wurden.

Die oberen Steine sind noch nicht einmal die größten, welche die Menschen in der Megalithzeit bewältigt haben. Bei Baalbek in Syrien, in den Bergen des Libanon, befindet sich die Ruine eines Tempels des westsemitischen Gottes Baal Hadad (Adad). Dieser Platz wurde später nacheinander mehrfach für Tempel genutzt, zuletzt von den Römern, die ihn dem Jupiter geweiht hatten. Der Baal-Tempel ist vermutlich nicht einmal der älteste. Der Sage nach gehörte die Ruine zu dem ältesten Bauwerk der Welt, er habe bereits zur Zeit Adams und Evas gestanden [6/9]. Er gehörte zu einem ausgedehnten sakralen Bereich, größer als die Athener Akropolis. Die Anlage wurde vom göttlichen Baumeister Kuthar errichtet. Die Überlieferung ist diesbezüglich nicht klar: Er soll einerseits zum Bau aus Ägypten gerufen worden sein, dann war er ein mythologischer Verwandter des sagenhaften Imhotep. Andererseits war er ein sumerischer Gott des Handwerks [6/9].

Wahrscheinlicher ist aber die dritte Version. Wie im folgenden Kapitel ausgeführt werden wird, war der ägyptische König Cheops gar nicht der Bauherr der Großen Pyramide. Diese ist ein älterer Megalithbau. Dann ist es logisch, daß der Baumeister der Pyramide zum Bau des Tempels in Baalbek hinzugezogen worden ist. Vielleicht heißt er Kuthar.

6/7 Unterbau eines Tempels bei Baalbek. Die großen Steine messen 3 × 4 × 20 m und haben ein Gewicht von 624 t [6/9].

Die Plattform, auf welcher der Tempel stand, ist etwa 10 m hoch und aus riesigen Quadern dicht gefügt. An der Westseite sind drei exakt geformte Steinblöcke nebeneinander eingefügt. Jeder von ihnen ist 3 m breit, 4 m hoch und 20 m lang. Bei einem spezifischen Gewicht von 2,67 t/m^3 haben sie jeweils ein Gewicht von 624 t (Bild 6/7). Das waren aber immer noch nicht die größten Steine! Beim Steinbruch, etwa 1 km entfernt von Baalbek, liegt, halb bedeckt von Erde, ein Gigant, 4 m breit, 5 m hoch und über 23 m lang mit einem Gewicht von 1200 t (Bild 6/8). Der Stein ist nicht verbaut worden, vielleicht war er sogar den Megalithbaumeistern zu schwer.

Wie die riesigen Steine aus dem Fels gebrochen, bearbeitet, hierzu mehrfach gewendet, transportiert und in die passende Lage gerückt wurden, wissen wir nicht. Zum Transport können wir uns nur Rollen oder Schlitten vorstellen. Vielleicht hatten die Menschen damals ganz andere Möglichkei-

6/8 Stein bei Baalbek. Der Stein mißt 4 × 5 × 23 m und hat ein Gewicht von 1200 t.

ten. Zum Transport wäre ein Kippelement aus Stein denkbar mit dem Querschnitt eines gleichseitigen Dreiecks, bei dem die Seiten durch einen Zirkelschlag um die der Seite gegenüberliegenden Ecke erzeugt sind. Ein derartiges, „Bogendreieck" genanntes Element hätte in allen Winkellagen die gleiche Dicke wie eine Rolle (Bild 6/11). Es wäre aber vorteilhafter, weil es sehr viel härter und haltbarer als Holz wäre. Es könnte kürzer sein als Holzrollen und wäre daher einfacher herzustellen. Man hat ähnliche Körper aus Stein gefunden, deren Bestimmung unbekannt ist. Vielleicht dienten sie dem oben angegebenen Zweck [6/11].

Die Menschen damals hatten eine andere Kultur als wir, damit auch eine andere Denkungsart, andere Kenntnisse (wie wir im Zusammenhang mit der Pyramide sehen werden), demgemäß auch andere Möglichkeiten und andere Regeln, wir können dem gar nicht folgen.

Hängt die Megalithkultur vom Baltikum in Nordeuropa über Westeuropa, Kaukasien, dem Orient bis Peru zusammen? Die Bauweise könnte tatsächlich verschiedenen Denkweisen angehören und nur durch Beeinflussung übertragen worden sein. Die Untersuchung der Sprachen gibt aber ein deutliches Indiz für den Zusammenhang. Es gibt einen weiteren Hinweis, eine Normung des Maßsystems. Eine Einheit, heute

6/9 Dolmen in Korea [6/11].

Megalith-Yard genannt, wurde aus megalithischen Steinkreisen zurückgerechnet und beträgt

in der Tuchler Heide (Westpreußen)	82,7 cm,
im westeuropäischen Gebiet	82,9 cm,
in der Gegend von Madrid	83,6 cm,
in Peru	83,8 cm,
	[6/10].

Um die weitere Verbreitung der Megalithkultur zu demonstrieren, wird mit Bild 6/9 ein Dolmen in Korea und mit Bild 6/10 ein Dolmen in Japan vorgestellt [6/11].

Es gibt eine weitere Möglichkeit für den Nachweis der Zusammengehörigkeit, das ist das Blut, genauer die Blutgruppe. Es gilt als gesichert, daß die Bretagne (Frankreich) und das Baskenland (Spanien) die Kernländer der Megalithkultur waren. Es ergibt sich dann folgendes Bild: In Island, Nord-

6/10 Dolmen in Japan [6/11].

england mit Irland, in der Bretagne, im Baskenland, auf Sardinien, auf Kreta, in Nordtunesien, vermutlich auch auf Malta liegt der Prozentsatz der Blutgruppe 0 mit 75 bis 80% sehr hoch. Noch verhältnismäßig sehr hoch, bis 70%, ist die Blutgruppe 0 in Südengland, Frankreich, Spanien, in den Südalpen, in der Po-Ebene, auf Sizilien, in Griechenland, an der Mittelmeerküste, in der Türkei und im Kaukasus. Immer noch 60 bis 65% betragen die Anteile im Baltikum, in Südschweden, Deutschland, in der Gegend des heutigen Rumäniens und im weiteren Gebiet des Kaukasus [2/3]. In Asien dominiert dagegen die Blutgruppe B [6/7]. Über Südamerika ist hier wenig bekannt. Auffällig ist aber, daß bei den Indianern Südamerikas, insbesondere bei den Waika, einem Stamm der Yanoama, welche am oberen Orionko leben, die meisten die Blutgruppe 0 haben. Bei den Waika fehlt auch ein Blutgen mit dem Diego-Faktor, einem Unverträglichkeitsfaktor ähnlich dem Rhesusfaktor. Alle mongolischen Völker haben den Diego-Faktor im Blut, auch die sonstigen Indianerstämme Südamerikas und Nordamerikas. Er fehlt

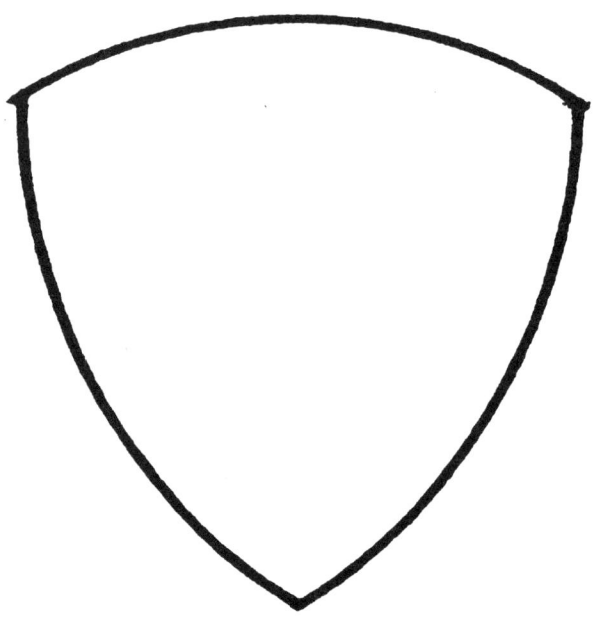

*6/11 Querschnitt eines Kippelementes, dessen Grundform
ein Bogendreieck ist.*

aber bei den kaukasischen und europäischen Völkern wie bei
den Waika [6/7]. Die Waika leben aber nicht in Peru, man
kann nur annehmen, daß diese Sachlage die oben vorgetra-
genen Indizien unterstützt für die weltweite Verbreitung der
Megalithkultur.

7. Die Große Pyramide

Die erste Kunde von der Großen Pyramide in Ägypten (Bild 7/1), dem heute noch beeindruckendsten Bauwerk der Welt, erhielten wir von dem griechischen Historiker und Reiseschriftsteller Herodot (490 bis 430 v. Chr.). Die ihn dort führenden Priester berichteten ihm, ihr Bauherr sei der König Khufu, gräzisiert Cheops (um 2530 v. Chr.), gewesen. Er hätte die Pyramide als Grabstätte bestimmt. Sie erzählten ihm über Cheops derart absurde Geschichten – wie er meinte –, daß die Fremdenführer ihm allein dadurch unglaubwürdig erschienen. Er berichtete:

II. Buch, 124 „... Aber sein Nachfolger Cheops hatte das Land in tiefstes Unglück gestürzt. Zunächst hat er alle Heiligtümer zuschließen lassen und das Opfern verhindert. Weiter hat er alle Ägypter gezwun-

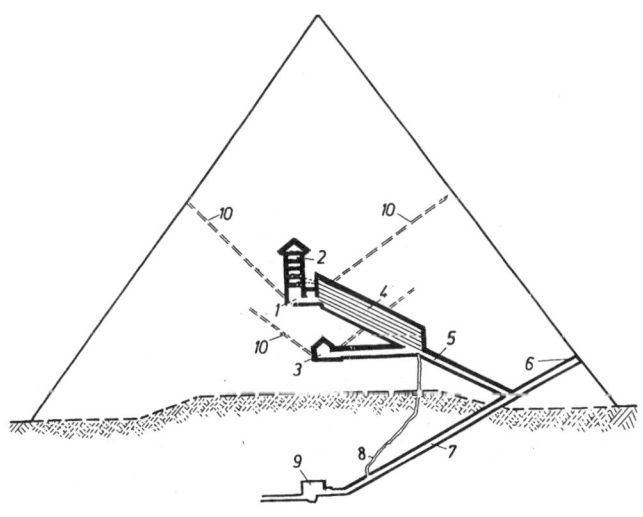

7/1 Die große Pyramide in Gizeh, Cheopspyramide genannt.
1 sogenannte Königskammer, 2 Kammern über 1 mit Entlastungsdach, 3 sogenannte Königinkammer, 4 große Galerie, 5 aufsteigender Gang, 6 Eingang, 7 absteigender Gang, 8 sogenannter Brunnenschacht, 9 unterirdische Kammer, 10 Luftschächte (?).

gen, für ihn zu arbeiten. Die einen mußten aus den Steinbrüchen im arabischen Gebirge Steinblöcke bis an den Nil schleifen. Über den Strom wurden sie auf Schiffe gesetzt. Und andere mußten die Steine weiterziehen bis hin zu den sogenannten libyschen Bergen. Hunderttausend Menschen waren es, die daran arbeiteten und alle drei Monate abgelöst wurden. So wurde das Volk bedrückt, und es dauerte zehn Jahre, ehe nur die Straße gebaut war, auf der die Steine geschleift wurden, ein Werk, das mir fast ebenso gewaltig scheint wie der Bau der Pyramide selbst. Denn die Straße ist fünf Stadien lang, zehn Klafter breit, an der höchsten Stelle acht Klafter hoch und aus geglätteten Steinen hergestellt ... An der Pyramide selbst wurde 20 Jahre gearbeitet ...

125 ... An der Pyramide ist in ägyptischen Buchstaben verzeichnet, welche Mengen Rettiche, Zwiebeln und Knoblauch die Arbeiter verzehrt haben. Wenn ich mich recht an die Summe erinnere, die mir der Dolmetscher nannte, welcher die Inschriften entzifferte, so waren es eintausendsechshundert Talente Silbers ...

126 ... Cheops war ein so verruchter Mensch, daß er in seiner Geldnot die eigene Tochter in ein Freudenhaus brachte und ihr eine bestimmte Geldsumme – wieviel, sagten die Priester nicht – zu schaffen befahl. Sie brachte die verlangte Summe zusammen und faßte auch den Entschluß, ebenfalls ein Denkmal für sich zu errichten. Jeden Mann, der sie besuchte, bat sie, ihr einen Stein für einen großen Bau zu schenken. Aus diesen Steinen soll sie die mittlere der drei Pyramiden habe bauen lassen, die vor der großen Pyramide steht ..."

Herodot hatte Zweifel an der Glaubwürdigkeit der Ägypter. In einem anderen Zusammenhang schrieb er:

123 „... Wer an diese Sage der Ägypter glauben
kann, der tue es. Meine Aufgabe ist weiter nichts,
als alles niederzuschreiben, was man mir mitgeteilt
hat." [7/1]

Zunächst müssen wir uns in Erinnerung rufen, daß von der
Zeit vom Besuch des Herodot bis zum Leben des Cheops ein
Abstand besteht wie vergleichsweise von unserer Zeit zu
Christi Geburt. Gegen die Geschichten der Priester sind zwar
erhebliche Bedenken zu erheben, vom Standpunkt des Erfor-
schens der Vorindogermanen enthalten sie aber auch ein
Körnchen Wahrheit.

Vor allem ist es unwahrscheinlich, daß die Erbauer das
Riesenbauwerk mit einer Abdeckung versehen hatten, um
nichts Wertvolleres darauf zu verzeichnen, als wieviel Ret-
tich und sonstiges Gemüse die Arbeiter verzehrt hätten. Auch
passen die Angaben über die Baugeschichte nicht zusammen; denn Cheops hat nur 24 Jahre lang regiert. Der Bau der
Straße für den Materialtransport soll 10 Jahre gedauert haben.

Dann verbleiben für die Errichtung des eigentlichen Baus
nur noch 14 Jahre, wenn die ganze Regierungszeit des Cheops ausgeschöpft worden wäre. Das ist unrealistisch.

Wenn man davon ausgeht, daß Cheops die Pyramide gar
nicht hat erbauen lassen, sondern daß sie viel älter ist und in
der vorindogermanischen Zeit erstellt wurde, dann kommt
der Kern der Wahrheit aus der Erzählung der Ägypter zum
Vorschein. Wir wissen, daß in Sumer in der Stadt Ur zur Zeit
der Könige von Isin und Larsa der uralte Brauch gepflegt
wurde, daß eine Prinzessin, die Königin oder eine Priesterin
als Vertreterin der Göttin Inanna zur Götterbraut des Mond-
gottes Nann-Sinn bestimmt wurde. Sumerische und akkadi-
sche Priester oder Fürsten oder der König übernahmen dann
die Rolle des Gatten und Geliebten der Inanna [7/8]. Herodot
berichtet auch von der Tempelprostitution in Babylonien, der
sich die Frauen einmal im Leben hinzugeben hätten [7/1].

Vermutlich gab es im vordynastischen Ägypten ähnliche
Gepflogenheiten. Dann liegt es nahe, daß diese Sitten von
Generation zu Generation weitererzählt und zusätzlich aus-

geschmückt wurden und schließlich über die Priester zu Herodot gelangten. So ist der uns absonderlich erscheinende Bericht ein ernst zu nehmender Hinweis darauf, daß nicht Cheops der Bauherr der Großen Pyramide war, sondern daß sie viel älter ist und zu einem ganz anderen Kulturkreis gehört, als bisher vermutet wurde.

An und in der Pyramide wurde keine Andeutung auf den Erbauer gefunden mit Ausnahme von angeblichen Steinmetz-Zeichen in ursprünglich unzugänglichen Räumen über der sogenannten Königskammer, welche im 19. Jahrhundert geöffnet wurden. Diese Inschriften haben sich als Fälschungen herausgestellt. Der Vorgang war folgender:

Im Jahr 1765 besuchte der britische Diplomat Nathaniel Davison die Pyramide und entdeckte oben in der Stirnwand der Großen Galerie eine Öffnung. Er kroch hinein und gelangte in einen niedrigen Raum, dessen Boden die Decke der Königskammer bildete. Der Raum war leer und wäre in unbeschädigtem Zustand nicht zugänglich gewesen. Der Boden wurde aus neun dichtgefügten Granitbalken gebildet, die unterschiedlich dick und unbearbeitet waren. Die Unterseiten waren, als Decke der Königskammer, sorgfältig geglättet, ebenso die Decke dieses Raumes. Irgendwelche Inschriften gab es nicht. Die Kammer wurde später dem Entdecker zu Ehren nach ihm benannt (Bild 7/2).

Ende 1835 erschien der Engländer Richard Howars Vyse bei der Pyramide. Nach einigen Streitigkeiten mit Konkurrenten machte er sich 1837 mit Energie und Schießpulver daran, die Pyramide oberhalb der Davison-Kammer zu erforschen und spürte vier weitere Zwischendecken auf, die drei niedrige Kammern bildeten. In unbeschädigtem Zustand waren diese Kammern – abgesehen von staubartigen Ablagerungen – völlig leer und auch unzugänglich. Wie bei der untersten Decke sind auch die Zwischendecken jeweils an der Unterseite sorgfältig poliert und an der Oberseite unregelmäßig roh belassen. Oberhalb der obersten Zwischendecke fand er einen Raum, dessen Decke von einer giebelförmigen Steinstruktur gebildet wird. Diese lenkte die auf ihr liegende Steinlast nach den Seiten ab und entlastete so das darunterliegende Gefüge. Es ist wichtig festzuhalten: Die Zwischen-

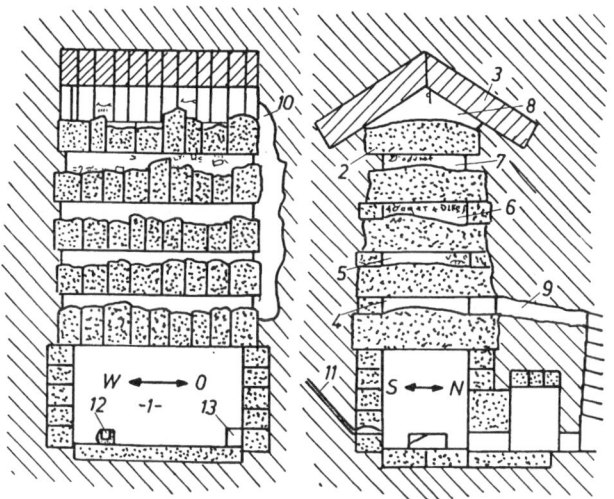

7/2 Baustruktur über der sogenannten Königskammer.
1 sogenannte Königskammer, 2 Deckbalken aus Granit, 3 Entlastungsdach aus Kalkstein, 4 Davisonkammer, 5 Wellingtonkammer, 6 Nelsonkammer, 7 Arbuthnotkammer, 8 Campbellkammer, 9 Gang von der großen Galerie zur Davisonkammer, 10 von Vyse gesprengter Gang, 11 Luftschächte (?), 12 sogenannter Sarkophag, 13 Eingang.

decken und die unterste Decke sind nicht belastet. Daher können sie auch nicht entlasten. Diese vermeintliche Entlastungskonstruktion werden wir später nochmals betrachten, wodurch sich ein neuer Aspekt eröffnen wird.

Jetzt zurück zur Fälschung. Die Kammern erhielten jeweils Namen, und zwar unten beginnend mit Davison, Wellington, Nelson, Arbuthnot und Campbell (Bild 7/2). Die Davison-Kammer weist keine Inschriften auf. Auch in der Wellington-Kammer wurden beim Eindringen keine Gravierungen gefunden. Erst bei einem späteren Maßnehmen wurden Steinmetz-Markierungen entdeckt. In der darüber liegenden Nelson-Kammer fanden sich mehrere Steinmetz-Zeichen in roter Farbe. Beim Auffinden der Arbuthnot-Kammer wurden zunächst keine Zeichen ins Tagebuch eingetragen, obwohl sie später mehrfach erwähnt wurden. Verblüffend war, daß sich unter den Gravierungen Kartuschen befanden, die nur Königsnamen bedeuten konnten. Bald darauf wurde der oberste Raum, die Campbell-Kammer, aufgebrochen. Erst bei späterer Begehung fand man dort Zeichnungen, darunter eine Kartusche. Beglaubigte Kopien der Inschriften auf den Steinblöcken wurden dem britischen Gesandten übergeben, der sie an das Britische Museum in London weitergab, wo sie von dem Hieroglyphologen Samuel Birch begutachtet wurden [7/2].

Zunächst wurden von der Fachwelt die Kartuschen als Namensangaben des Königs Khufu (Cheops) anerkannt, ohne allerdings die vielen Bedenken der Expertise von Birch zu beachten. Diese enthielt nämlich Zweifel an der Richtigkeit der Schreibung des Namens des Königs. Die Kartusche wies nicht das Zeichen „Kh" auf, sondern die Schreibung „Ra" (siehe Bild 7/3 a bis b). Birch schrieb weiter:

> „Die Symbole oder Hieroglyphen, die der Behauer oder Steinmetz in Rot auf den Steinen in den Kammern der Großen Pyramide angebracht hat, sind anscheinend Steinbruch-Markierungen. Obwohl nicht sehr leserlich, da sie in semi-hieratischen oder linear-hieroglyphischen Buchstaben geschrieben sind, weisen sie recht interessante Punkte auf ..."

7/3a Königskartuschen in einem der Räume über der sogenannten Königskammer aus [7/5] abgemalt, um den Eindruck wiederzugeben,
b) Kreis mit Punkt = Ra, c) Vollkreis = Kh.

Birch irritierte, daß in der Zeit der vierten Dynastie (Cheops) Zeichen der hieratischen Schrift benützt worden sind, die erst Jahrhunderte später aufkamen. Die von Vyse kopierten Symbole gehörten einer anderen Epoche an als der vermeintliche Bau der Pyramide. Birch fährt fort:

> „Die Symbole, die dem Namen folgen, sind sehr undeutlich ... in Buchstaben geschrieben, die dem Hieratischen verwandt sind."

Die Buchstaben sind also aus einer späteren Zeit als die halbhieratischen.

> „Der Kartusche von Sophis (Cheops) folgt eine Hieroglyphe, für die es schwerlich eine Parallele geben dürfte."

Andere Symbole waren „ebenso schwer zu lesen". Die Hieroglyphen, die der Kartusche in derselben linearen Schrift folgen, deutete Birch als einen Königstitel wie etwa „Mächtiger in Ober- und Unterägypten". Die einzige Gleichheit mit dieser Zeile konnte er in einem Titel finden, der auf dem Sarg der Gemahlin des Königs Amasis (26. Dynastie, 6. Jahrhundert v. Chr.) steht. Außerdem stellte Birch fest: „In der Pyramide waren zwei Königsnamen angegeben, nicht nur einer." Die eine Kartusche wurde als „Saufu" oder „Khufu" (Cheops) gedeutet, die andere enthielt Widder-Symbole von Chnum, dem Gott der Bilder, die als Senechuf und Senechufu gelesen werden können [7/2].

Wichtig für uns ist die Kartusche des angeblichen Khufu, die Zweifel bei Birch erregt hatte. Diese Kartusche ist wiedergegeben in Bild 7/3a, das aus [7/5] entnommen ist. Sie zeigt auf der rechten Seite einen Kreis mit Punkt (7/3b). Das steht für „Ra". Es müßte aber heißen „Kh", das wäre ein Vollkreis (7/3c). Zwar weist der Kreis mit dem Mittelpunkt in Bild 7/3a noch zwei Verunreinigungen auf, diese füllen aber keinesfalls den Kreis aus. Der Königsname war also falsch geschrieben. Da nicht anzunehmen ist, daß die Steinmetze nicht wußten, wie ihr König heißt oder wie sein Name geschrieben wird, kann es sich hierbei nur um eine Fälschung handeln. Nun könnte man sich darüber streiten, ob die besprochene Kartusche einen Kreis mit Punkt oder einen Vollkreis enthält, aber die Indizien, daß die Große Pyramide nicht in der Zeit von Cheops gebaut wurde, sind derart erdrückend, daß die Waage sich zum Kreis und Punkt senkt. Die Inschrift wurde gefälscht.

Außerdem fällt auf, daß die Kartuschen sehr skizzenhaft, auf dem Kopf stehend oder sonst verkehrt herum gezeichnet waren. Beim Bau waren aber die betreffenden Räume offen, hell und leicht zugänglich. Die Schreiber waren also in keiner Weise behindert und hätten sorgfältig vorgehen können [7/2].

Auch in der unmittelbaren Umgebung der großen Pyramide befinden sich Hinweise, die unsere Zweifel bestärken. Eine Kalkstein-Stele (heute im Museum von Kairo), die in den Ruinen des Isis-Tempels um das Jahr 1850 entdeckt wurde, legt ebenfalls nahe, daß Khufu (Cheops) nicht der Bauherr gewesen ist [7/2]. Ein Text auf dieser Stele lautet unter anderem:

> „(Es) lebe Horus Mezau, (dem) König von Ober- und Unterägypten ist Leben gegeben. Er gründete das Haus der Isis, der Herrin der Pyramide neben dem Haus der Sphinx." [7/4].

Diese Inschrift sagt aus, daß Isis und nicht Khufu (Cheops) die Herrin der Pyramide ist. Letztere war also bereits vorhanden, als Cheops den Tempel der Isis gründete, und zwar neben dem Tempel der Sphinx, der ebenfalls bereits vorhanden war.

Als der griechische Gelehrte Strabo (63 v. Chr. bis 26. n. Chr.) Ägypten 24 bis 20 v. Chr. bereiste, hatte er ebenfalls Zweifel am Namen des Bauherrn der großen Pyramide [7/7].

Da außer den oben aufgeführten sehr zweifelhaften Zeichen keine anderen Hinweise auf den Erbauer der Pyramide zu finden sind, und da die Ausführungen der Fremdenführer des Herodot fragwürdig sind, bleibt als einziger Hinweis mit einer Aussicht auf Wahrheit ein Zitat des Arabers Abu Zeyd

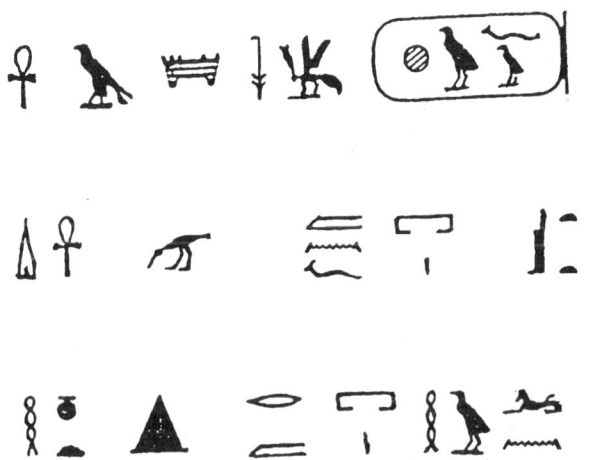

7/4 Inschrift auf einer Kalksteinstele, die um 1850 in der Ruine des Isistempels in der Nähe der Großen Pyramide gefunden wurde. In der Kartusche der Königsname Kh-u-fu (Chufu), gräzisiert Cheops [7/2].

el Balkhy aus einer Inschrift, nach der die Große Pyramide errichtet wurde, als sich das Sternbild der Leier in der Konstellation des Krebses befand. Dieses Indiz führt auf einen Zeitpunkt zweimal 36 000 Sonnenjahre vor Hedschral (Flucht Mohammeds nach Medina im Jahre 622) hin, also vor etwa 72 000 Jahren [7/4]. Das ist nicht ohne weiteres als unglaubwürdig abzulehnen; denn erstens sind die Araber eine wichtige Quelle unseres Wissens, – warum soll ein Araber gerade hier gelogen haben? –, und zweitens hat es nachweislich vor unserer indogermanischen Kultur mindestens noch eine Hochkultur gegeben. Das ist ja gerade das Thema dieser Abhandlung.

Im Jahr 1977 entdeckte man in der Biministraße bei den Bahamas unter Wasser eine Erhebung, die nach mehrmaligem Überqueren mittels eines Sonarschreibers als pyramidenartiges Gebilde identifiziert werden konnte. Man stellte eine Höhe von mindestens 140 m fest und eine Länge jeder

Basisseite von jeweils etwa 140 m (Bild 7/5). Die Spitze liegt 90 m unter dem Wasserspiegel. Da die Seiten rundum gleichmäßig abfallen, handelt es sich wahrscheinlich um ein Bauwerk, dessen Maße denen der Großen Pyramide entsprechen [7/4]. Ein derartig gigantisches Gebäude an dieser Stelle ist nichts Ungewöhnliches. Es wurden bei den Bahamas auf dem Meeresgrund mehrere megalithische Steinanordnungen gefunden. Man vermutete zunächst, daß diese Objekte trotz ihrer Regelmäßigkeit natürlichen Ursprungs seien. Es wurden aber von zwei Quadern, die auf dem Meeresboden nebeneinander liegen, Bohrproben entnommen mit dem Resultat, daß beide Steine unterschiedliches Gefüge haben. Sie müssen daher zu einem Kunstbau gehören [7/6].

Uns interessiert die Epoche dieser Pyramide, um daraus auf die Große Pyramide in Ägypten schließen zu können. Die Versunkene stand natürlich ursprünglich auf dem Trockenen. Der Meeresspiegel stieg mit dem Abschmelzen des Eiszeiteises. Um 5 000 v. Chr. hat er die heutige Höhe erreicht. Nimmt man an, daß beide Bauwerke kulturelle Geschwister sind,

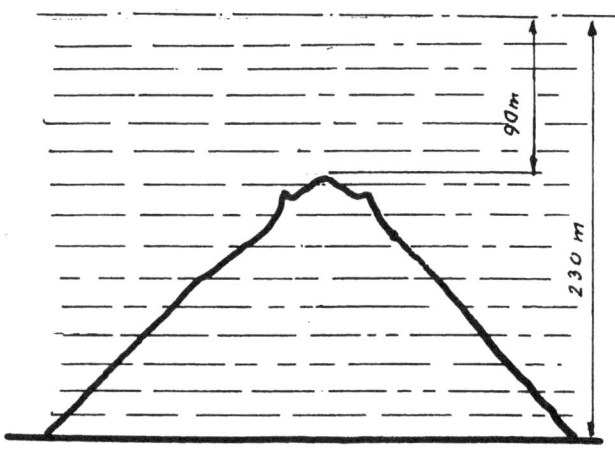

7/5 *Pyramidenartige Erhebung auf dem Meeresgrund bei den Bermudainseln nach einem Sonar des Captain Don Henry. Spitze 90 m unter dem Wasserspiegel, Höhe etwa 140 m [7/4].*

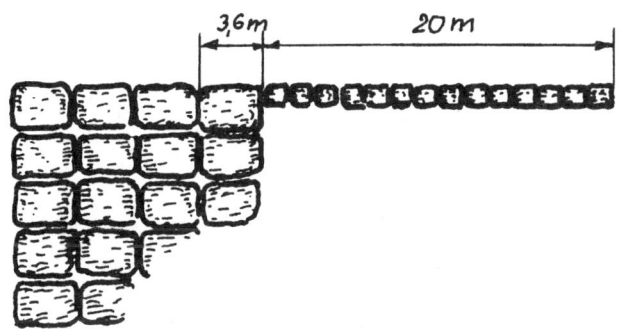

7/6 *Megalith-Steinmuster unter Wasser bei den Birmini-Inseln*
[7/9].

was berechtigt ist, dann stand die ägyptische Pyramide bereits mehr als 2 000 Jahre vor Cheops. Wann genau sie gebaut worden ist, wissen wir damit allerdings noch immer nicht. Das hängt davon ab, ob das Land um die Bahamas langsam versank oder plötzlich infolge einer Naturkatastrophe. Wir stoßen damit – ob wir es wollen oder nicht – wieder auf die Atlantisfrage.

Gehört die Große Pyramide zur Megalithkultur? Das Bauwerk strahlt so gestaltungskräftige Harmonie aus, daß sich einem der Gedanke aufdrängt, es sei der vollkommenste Megalithbau. Das wird auch deutlich, wenn man die Möglichkeit wahrnimmt, die innere Struktur zu betrachten (Bild 7/7). Für die Überdachung des absteigenden Ganges wurden zum Beispiel Steine mit einem Gewicht bis 30 t verwendet. Diese mußten gebrochen, passend zugerichtet, auf das gewünschte Niveau gehoben und, insbesondere der untere erste Stein des Giebels, derart ausgerichtet werden, daß sein Gegenüber eingepaßt werden konnte. Wie das bewerkstelligt wurde, ist für uns nicht vorstellbar. Wie soll es möglich gewesen sein, solch ein gigantisches Bauwerk auszuführen während der Regierungszeit des Cheops, das sind 24 Jahre? In dieser Zeit sollten ungefähr 2,3 Millionen Steine zu ca. 2,5 t, das sind insgesamt 13 bis 14 Millionen t, verlegt worden sein? Dazu kam

7/7 Eingang zum absteigenden Gang der Großen Pyramide nach Vyse [7/7].

noch die gigantische Arbeit für die Erstellung der Entlastungsstrukturen für die Hohlräume. Die Megalithbauten sind auch heute nicht nachvollziehbar.

Der Vollständigkeit halber sei darauf hingewiesen, daß die beiden Nachbarpyramiden von Gizeh keine Inschriften aufweisen, die auf die Herkunft schließen lassen. Ferner ist zu beachten, daß die drei Pyramiden in Gizeh sich in Stil und Bauweise grundlegend von den übrigen Pyramiden in Ägypten unterscheiden, was ein weiteres Indiz dafür ist, daß sie nicht von den dynastischen Ägyptern errichtet worden sind.

Während aber die „Große" Pyramide ein vielfältiges Kammern- und Gängesystem über der Erdoberfläche aufweist, sind bei den beiden kleineren Nachbarpyramiden lediglich Kammern unter dem Erdniveau zu finden. Allerdings wird in den drei Bauwerken immer noch nach verborgenen Kammern gesucht.

8. Wissenschaft und Technik

Das heute übliche Weltbild geht von der kontinuierlichen Entwicklung aus. Beginnend mit dem Einzeller über verschiedene Phasen der niederen und höheren Tiere bis zu den sogenannten Hominiden durchläuft sie verschiedene Entwicklungsstufen, um schließlich bei dem Homo sapiens sapiens, dem höchsten Wesen aller Zeiten zu enden. Dabei hat dieses höchste Wesen selbst einen Reifeprozeß vom primitiven zum heutigen optimalen Stand durchgemacht.

Die Annahme einer solchen Kontinuität ist falsch. Allein der Entfaltungsprozeß zum derzeitigen Menschen ist wahrscheinlich mehrmals, mindestens aber einmal unterbrochen worden, und zwar sehr abrupt, wie noch beschrieben werden wird. Jedes Mal mußte die menschliche Kultur wieder neu beginnen. Es ist daher sehr fraglich, ob der Mensch heute den Wissensstand seines Vorgängers, des Vorindogermanen, wieder erreicht hat. Das soll an einigen Beispielen dargelegt werden.

Im Alten Testament im Buch des Propheten Hesekiel ist eine Passage enthalten, welche Theologen und Historiker in Ratlosigkeit stürzt, wenn sie diese erklären sollen. Das Kapitel 1 enthält die Beschreibung einer Flugmaschine einerseits so, wie jemand erzählen würde, dem ein derartiges Gerät völlig unbekannt ist, andererseits aber so genau wie von jemandem, der es persönlich gesehen hat. Infolge technischen Unverstands und häufigen Wiedererzählens haben sich Unklarheiten ergeben. Dabei sind aber Einzelheiten erwähnt, auf die ein technischer Ahnungsloser gar nicht kommen kann. Im folgenden wird der das Fluggerät betreffende Teil des Buches Hesekiel nach der sogenannten Züricher Bibel, 3. Auflage 1982, zitiert. Die Rahmenhandlung sowie Füllworte wie „aber" und dergleichen wurden fortgelassen. Passagen, die für das Verständnis nicht erforderlich sind, oder Wiederholungen wurden durch ... kenntlich gemacht.

Kapitel 1): „(4) Ich sah, wie ein Sturmwind daher kam von
    Norden her und eine große Wolke, umgeben von
    strahlendem Glanz und einem unaufhörlichen

Feuer, an dessen Mitte es blinkte wie Glanzerz.
(5) Und mitten drin erschienen Gestalten wie von
vier lebenden Wesen; die waren anzusehen wie
Menschengestalten. (6) Und ein jeder hatte vier
Gesichter und ein jeder vier Flügel. (7) Ihre Bei-
ne waren gerade und ihre Fußsohle war wie die
eines Kalbes, und sie funkelten wie blankes Erz.
(8) Unter ihren Flügeln an ihren vier Seiten hatten sie Menschenhände, und die Flügel von allen
vieren (9) berührten einander, und ihre Gesichter
wandten sich nicht um, wenn sie gingen; ein jeder ging gerade vor sich hin. (10) Ihre Gesichter
aber sahen so aus: Ein Menschengesicht nach
vorn bei allen vieren, ein Löwengesicht auf der
rechten Seite bei allen vieren, ein Stiergesicht auf
der linken Seite bei allen vieren und ein Adlerge-
sicht bei allen vieren nach innen. (11) Und ihre
Flügel waren nach oben hin ausgespannt (nach
Luther: zerteilt) bei allen vieren; bei einem jeden
berührten sich zwei Flügel mit dem anderen,
während zwei ihre Leiber bedeckten. (12) Ein jeder ging gerade vor sich hin; wohin sie der Wind
(im Hebräischen sind Wind und Geist das gleiche
Wort) zu gehen trieb, dahin gingen sie, ohne im
Gehen zu wenden (nach Luther: und mußten sich
nicht herumlenken, wenn sie gingen). (13) Zwischen den lebenden Wesen war es anzusehen, wie
wenn feurige Kohlen brennen; es war anzusehen,
als würden Fackeln zwischen den lebenden Wesen hin und her fahren, und das Feuer hatte einen
strahlenden Glanz, und aus dem Feuer fuhren
Blitze. (14) Die lebenden Wesen fuhren hin und
her, daß es aussah wie Blitze.

(15) Weiter sah ich neben jedem der vier lebenden Wesen ein Rad auf dem Boden. (16) Das
Aussehen der Räder war wie der Schimmer eines
Chrysoliths und die vier Räder waren von glei-
cher Gestalt, und sie waren so gearbeitet, als

wäre ein Rad mitten in dem anderen. (17) Sie konnten nach allen vier Seiten gehen, ohne sich im Gehen zu wenden. (18) Ich sah, daß sie Felgen hatten, und ihre Felgen waren voll Augen ringsherum an allen vier (Rädern). (19) Wenn die lebenden Wesen gingen, so gingen auch die Räder neben ihnen; wenn sich die lebenden Wesen vom Boden erhoben, so hoben sich auch die Räder. (20) Wohin jene der Wind (Geist) zu gehen trieb, dahin gingen auch die Räder, sie erhoben sich zugleich mit jenen; denn der Wind war in den Rädern ...

(22) Über den Häuptern der lebenden Wesen war ein Gewölbe (feste Platte), schimmernd wir furchtbarer Kristall ... (23) Unter dem Gewölbe waren ihre Flügel ausgespannt, je einer an den anderen reichend, jeder hatte deren zwei, die ihre Leiber bedeckten. (24) Wenn sie gingen, hörte ich zwei Flügel rauschen gleich dem Rauschen großer Wasser ... Wenn sie aber still standen, senkten sie ihre Flügel."

Daß die Flugzeuge im Stillstand ihre Flügel senken, sehen wir heute sehr deutlich bei den Hubschraubern. Dann sind nämlich die Flügel unbelastet. Das kann sich kaum jemand ausdenken, der noch nie ein Flugzeug gesehen hat.

„(25) Über dem Gewölbe, das über ihrem Haupte lag, (26) war es anzusehen wie Saphirstein mit etwas wie einem Thron darauf, auf ... war eine Gestalt wie ein Mensch anzusehen ..." [6/3].

Anschließend mündet die Erzählung in eine Geschichte um die Kinder Israels ein, welche die vorstehende technische Beschreibung nicht weiter erläutert.

Bevor wir uns nochmals der Großen Pyramide zuwenden, soll der Sirius das Ziel einer Betrachtung sein. Der Sirius ist ein verhältnismäßig naher Stern, er ist von uns 8,7 Lichtjahre entfernt. Er strahlt mehr Energie aus als die Sonne, seine Masse beträgt zwei Sonnenmassen. Das Rätselhafte an diesem Stern ist ein unerklärliches Wissen eines afrikanischen Volkes im Staate Mali, der Dogon. Dieser Stamm wurde von den französischen Ethnologen Marcel Griaule und Germane Dieterlen im Jahre 1950 besucht. Ihnen wurde von den Dogon erzählt, daß der Sirius, von unseren Astronomen Sirius A genannt, einen Begleiter hätte, der von unseren Astronomen Sirius B genannt wird. Der Sirius B ist für bloße Augen unsichtbar und lediglich mit einem starken Teleskop zu finden.

Der Astronom Friedrich Bessel hatte 1844 aufgrund hochgenauer Messungen entdeckt, daß der Stern um seine zu erwartende Bahn periodische Abweichungen ausführt. Er schloß daraus, daß der Sirius ein Doppelstern sei, der unter Einfluß der Gravitation eines unsichtbaren Begleiters stehe. Dieser Nachbar wurde dann tatsächlich von Alvan Clerk 1862 entdeckt. Die Dogon wissen und wußten, daß der Sirius B, von ihnen sigi tolo genannt, Sirius A in einer Ellipse umkreist, wobei letzterer außerhalb des Mittelpunktes der Ellipse (in Wirklichkeit im Brennpunkt) steht. Der Sirius B benötigt für einen Umlauf 49,5 Jahre, die Dogon gaben 50 Jahre an. Auch behaupteten sie, daß er während eines Jahres, d. h. während eines Umlaufes, eine Umdrehung um seine eigene Achse ausführt. Hierüber können unsere Astronomen nichts aussagen. Der „po tolo" sei das kleinste Ding, das es gäbe, das heißt vermutlich, er sei der kleinste Sterntyp. Er sei auch der schwerste, bestünde aus einem Metall, das glänzender als Eisen und so schwer sei wie alle Erdwesen zusammen, es heiße „sagala". (Dieser Name klingt sumerisch, er läßt sich aber nicht glaubhaft übersetzen, das „lá" = Schmied, könnte eine Verbindung zu einem Metall herstellen.) Der Sirius liege auf der Mitte der Welt, er sei ihre Achse, und ohne sie könne sich kein Stern bewegen.

Diese Kenntnisse können die Dogon nicht aus Europa empfangen haben, weil dort der Begleiter erst seit dem 19. Jahrhundert bekannt ist. Die Dogon leiten von der Siriusgruppe aber eine ausgedehnte Mythologie ab, die auch die Beschneidung der Frauen und Männer begründet. Zur Siriusgruppe gehört nach dem Glauben der Dogon noch ein weiterer Himmelskörper, und zwar eine Sonne, emme ya genannt (eme (sum.) = schwangere Frau, Mutter, ha = Vielheit, vielleicht soviel wie Große Mutter). Sie symbolisiere die Sonne der Frauen. Sie sei viermal so leicht wie der po tolo und lege in der gleichen Umlaufzeit, d. h. in 50 Jahren, eine größere Bahn zurück. Beide stehen in einem festen Winkelverhältnis zueinander, das nicht klar beschrieben ist. Diese Sonne werde von einem Planeten umkreist, der Frauenstern genannt wird [8/4].

Außerdem wissen die Dogon von vier Monden des Jupiter, die ebenfalls mit bloßem Auge nicht sichtbar sind. Die weiteren acht Jupitermonde sind winzig und vielleicht erst nach den vier großen eingefangen worden. Ferner wird, wenn sie den Saturn in den Sand zeichnen, dieser mit einem Ring versehen. Die Dogon können aus eigenen Erfahrungen nichts von den beschriebenen Himmelserscheinungen wissen, dazu fehlen und fehlten ihnen die Mittel. Sie können von jemandem in Kenntnis gesetzt worden sein, der über umfassendes astronomisches Wissen verfügte. Das können weder die Griechen noch die dynastischen Ägypter gewesen sein; denn von ihnen ist nichts dergleichen überliefert. Die Kunde ist älter und verlorengegangen, außer bei den Dogon, wo sie konserviert worden ist. Das Verlorengehen ist dadurch begründet, daß im 4. Jahrtausend weltweit ein Umbruch stattgefunden hat.

Zum Nachweis der erstaunlich hohen wissenschaftlichen Kultur der Vorindogermanen soll nochmals auf die Große Pyramide zurückgegriffen werden (Bild 8/1). Die für die folgende Betrachtung wichtigsten Abmessungen sind:

Die ursprüngliche Höhe,
über die Abplatten hinaus,
bis zur Spitze ergänzt $h =$ 146,60 m,
Länge der Basiskante,
ohne Berücksichtigung der
leichten Einbuchtung
(Bild 8/2) $a =$ 230,38 m,

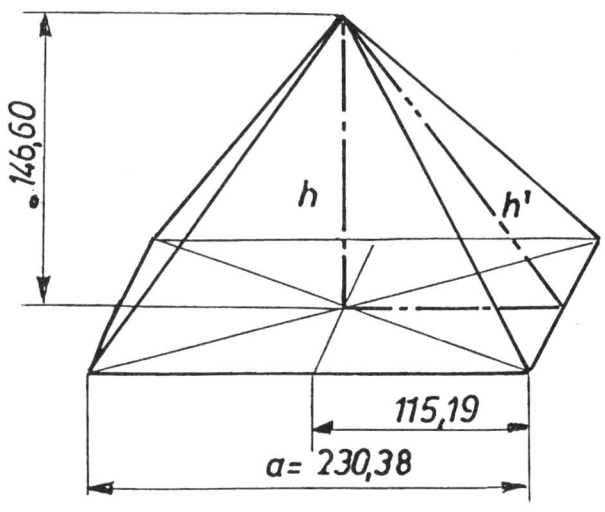

8/1 Schema der Großen Pyramide mit den Hauptmaßen.

mittlere Entfernung der Erde
von der Sonne   =   149,589 Mill. Km.

Die Höhe der Pyramide und die Entfernung von der Sonne
stimmen bei entsprechendem Maßstab so genau überein, daß
zweifelsfrei eine Planung vorgelegen haben muß.
  Die wirkliche mittlere Länge der Erdbahn ist

$2 \cdot \pi \cdot 149,589$	=	939,90 Mill. km.
$4 \cdot 230,38$ m	=	921,52 m.
Das Verhältnis entspricht		
einer Abweichung von		2%.

Aus der zentralen Höhe h und der Seitenhöhe h' (Bild 8/1)
läßt sich eine Beziehung zum Poldurchmesser der Erde auf
folgende Weise errechnen:

102

$$h' = \sqrt{h^2 + (1/2a)^2} = \sqrt{21491,56 + 13268,736} = 186,44$$

$$\frac{h'}{h} = \frac{186,44}{146,60} = 1,2717598$$

Das entspricht dem Poldurchmesser der Erde; denn

1,2717598 · 10000 = 12717,60 km.

Tatsächlicher Poldurchmesser der Erde	12713,51 km.
Die Abweichung beträgt	4,09 km.

Hierauf wird weiter unten nochmals eingegangen werden.

Den Pyramidenmeistern waren also bekannt die Bahn der Erde, dokumentiert durch den Grundumfang der Pyramide, der Abstand der Erde von der Sonne, ausgedrückt durch ihre zentrale Höhe, und der Durchmesser der Erde, dargestellt durch die Seitenhöhe der Pyramide. Darüber hinaus haben sie es verstanden, die Relationen dieser Größen in einem einzigen Körper zu belegen. Die Kenntnis der besagten Abhängigkeiten können sie nur gehabt haben, wenn sie auch die Masse von Sonne und Erde kannten. Das physikalische und astronomische Wissen der Vorindogermanen muß damals unserem heutigen Niveau entsprochen haben. Da es sich um kreisabhängige Figuren handelt, müssen sie zur Berechnung auch Kenntnis gehabt haben vom Verhältnis des Umfangs eines Kreises zu seinem Durchmesser. In der Mathematik unserer Kultur ist es die Zahl

$\pi = 3,14159,$

mit welcher der Umfang eines Kreises mit praktisch beliebiger Genauigkeit aus seinem Durchmesser ermittelt werden kann.

Es bietet sich aber auch eine andere Zahl an, das ist der Quotient der Stetigen Teilung oder, wie er auch genannt wird, des Goldenen Schnitts. Diese Zahl bzw. dieser Quotient ergibt sich, wenn eine Strecke a so geteilt wird, daß sich diese ganze Strecke zum größeren Teil b so verhält wie der größere

Teil b zum kleinsten c (siehe Bild 8/6). Daraus ergibt sich ein Quotient.

$$\varphi = \frac{a}{b} = \frac{b}{c} = 1,618034$$

Die Quadratwurzel daraus ist die wichtige Zahl.

$$\sqrt{\varphi} = 1,272022$$

Das Merkwürdige dieser Zahl scheint zu sein, daß sie mit 10 000 000 multipliziert den Poldurchmesser unserer Erde in Metern ergibt, mit dem kleinen Fehler von 6,7 km. Das liegt aber nicht daran, daß die Natur unsere Erde nach dem Goldenen Schnitt aufgebaut hat. Vielmehr wurde die Einheit der Länge (m) ursprünglich definiert als zehnmillionster Teil des Quadranten des durch die Pariser Sternwarte gehenden Erdmeridianten. Der Erdmeridian steht als Teil eines Kreises mit dem Durchmesser der Erde über der Zahl π und etwa mit dem Quotienten φ in Beziehung. Daher kann fälschlich der Anschein erregt werden, daß der Erddurchmesser von π oder φ abhängt.

Die Zahlen π und φ stehen nämlich in einer engen Beziehung zueinander.

Es ist

$$\pi \cdot \sqrt{\varphi} = 3,99617 \approx \overset{\cdot}{4}.$$

Es ist somit nicht zu entscheiden, ob die Vorindogermanen mit π oder φ gerechnet haben.

Es ist auch natürlich, daß der Umfang der Grundfläche der mit 8 · 1/2 a (Bild 8/1) als Repräsentant der Umlaufbahn der Erde um die Sonne und die zentrale Höhe mit h als Repräsentant des Abstandes der Erde von der Sonne und somit als Radius der Umlaufbahn die Zahl π oder φ enthalten.

So ist

$$\frac{h}{\frac{1}{2}a} = \frac{146,60}{115,19} = 1,27268 \approx \sqrt{\varphi} = 1,27202$$

Aber nicht selbstverständlich ist, daß das Verhältnis der Seitenhöhe h' als Merkmal des Poldurchmessers der Erde zur zentralen Höhe als Merkmal des Abstandes Erde – Sonne

$$\frac{h'}{h} = \frac{186,44}{146,60} = 1,27176 \approx \sqrt{\varphi} = 1,27202 \cong \frac{4}{\pi} = 1,27324$$

ergibt. Bei diesen Betrachtungen ist zu bedenken, daß die leichte Einbuchtung an den Seitenflächen (Bild 8/2), die eine uns unbekannte Bedeutung hat, nicht berücksichtigt werden konnte.

Die Werte π und φ wurden nur angenähert. Es möge beachtet werden, daß die tatsächliche Breite der Grundfläche der Pyramide nicht ganz gesichert ist.

Zusammenfassend kann gesagt werden, der Abstand der Erde von der Sonne wird durch die zentrale Höhe der Pyramide repräsentiert. Die etwa kreisförmige Umlaufbahn der Erde wird von der Summe der vier Grundseiten dargestellt. Übrigens ändert sich die Form der Erdbahn zwischen einer mehr oder weniger stark ausgeprägten Ellipse. Den Durchmesser der Erde dokumentiert die Höhe der Seitendreiecke. Das Zusammenwirken dieser unser Leben bestimmenden Größen wird in einem genialen Bauplan wiedergegeben, der sich so darstellt, daß der Flächeninhalt des Quadrates über der zentralen Höhe gleich ist dem Flächeninhalt einer der Seitenflächen der Pyramide.

Tatsächlich ist

$$h^2 = h' \cdot \frac{a}{2}$$

$$146,60^2 = 186,44 \cdot 115,19$$

$$21491,56 \approx 21476,02.$$

Die obige Bedingung ist mit einer überraschenden Genauigkeit erfüllt. Hierbei muß bedacht werden, daß es sich um ein riesiges Bauwerk handelt.

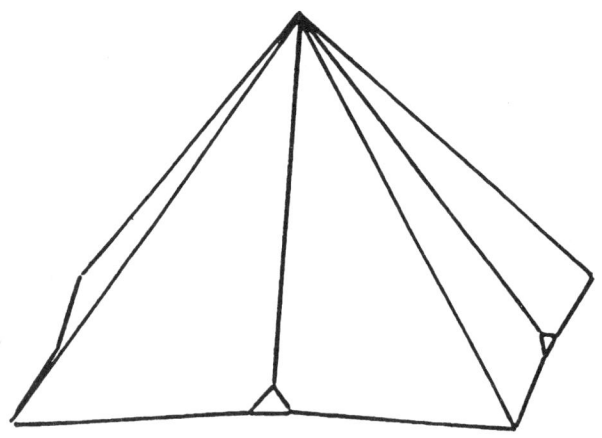

8/2 Schema der Großen Pyramide mit Einbuchtungen an den Seiten, die so gering sind, daß sie lediglich bei einem bestimmten Sonnestand als Schatten bemerkbar sind.

Es besteht noch eine weitere interessante Beziehung zwischen der Seitenhöhe (Durchmesser der Erde) und der zentralen Höhe (Entfernung der Erde von der Sonne).

$$\frac{h'}{h} \cdot 2 = \frac{186,44}{146,60} \cdot 2 = 2,5435196 \text{ cm} \approx 1''$$

Fehler 0,0035218 cm.

Daraus ist zu entnehmen, daß die Tradition des englischen Zolls auf die Zeit des Pyramidenbaus, also auf die Vorindogermanen zurückgeht oder, was z. Z. vermutlich verständlicher ist, auf die Zeit der Megalithkultur.

Die Abmessungen der großen Pyramide beschreiben die Welt, wie sie seinerzeit gesehen wurde. Mit Sicherheit können wir diese Beschreibung nicht vollständig lesen. Verborgen ist uns z. B. der Sinn der Einbuchtungen an den Seitenwänden (Bild 8/2).

106

Diese Zahl φ hat noch zwei weitere herausragende Eigenschaften. In der Kunst angewendet, verursacht diese Teilung den Eindruck der Harmonie und wird daher in der Malerei sehr gern angewendet. Andererseits ergibt sie eine sinnvollere Zahlenreihe, insbesondere für die Physik und Astronomie, als die in unserem Gebrauch ursprünglich nur zum Zählen benutzte Reihe auf Grund des Additivs „1". In der Technik werden heute Zahlenreihen auf der Basis ähnlich φ verwendet (DIN 323).

Man kann auch die Begeisterung über die mathematischen Künste übertreiben. Wird mit Staunen vermerkt, daß die Anzahl der Tage pro Jahr mit 365,2522 genau auf dem Umfang der Basis der Pyramide angegeben sei, so ist das Tautologie. Man hat nämlich zuerst festgestellt, daß der besagte Umfang der Länge der Erdbahn um die Sonne entspricht, dann hat man diesen Umfang in 365,2522 Teile unterteilt und diese Teile dann als Maß für die Pyramide, das „Pyramidenzoll", bestimmt. Dabei ist es gar nicht so sicher, ob zur Zeit des Pyramidenbaus die Anzahl der Jahrestage tatsächlich 365,2522 betrug. Diese Zahl hängt nämlich von der Umlaufgeschwindigkeit der Erde um die Sonne ab und von ihrer Rotationsgeschwindigkeit, beide können variieren. Die Umlaufgeschwindigkeit hat sich seit dem Bau der Pyramide vielleicht nicht merklich geändert, wohl aber möglicherweise die Rotationsgeschwindigkeit der Erde. Diese kann sich in kürzerer Zeit verändern durch Gravitationseinflüsse und durch Reibung im umgebenden Medium. Außerdem kann sie sich z. B. dadurch ändern, daß sich der Erde ein Himmelskörper nähert, sich durch die gemeinsame Masse die Rotationsgeschwindigkeit zunächst mindert, danach durch weitere Näherung wieder erhöht (komplizierter Pirouetteneffekt) und dann schließlich durch einen Einschlag wieder verändert. Ausgenommen die letzte Überlegung, die den Betrachter, nicht den Architekten der Pyramide betrifft, kann man den mathematischen und astronomischen Erwägungen noch folgen, nicht aber mehr, wenn wir das Innere der Pyramide betrachten.

Es wird nochmals auf das Bild 7/2 zurückgegriffen. Es zeigt einen Schnitt durch die sogenannte Königskammer.

Uns interessiert die Deckenkonstruktion. Sie besteht zuunterst aus einer steinernen Balkendecke, die nicht belastet ist. Mit einem Abstand liegt darüber eine Zwischendecke ebenfalls aus steinernen Balken, welche wiederum unbelastet ist. Darüber liegt eine weitere unbelastete Zwischendecke aus Stein, dann noch eine und noch eine. Die oberste ist gleichzeitig der Boden einer Kammer, die mit einer dachförmigen Steinkonstruktion abgedeckt ist, welche durch ihre Schräglage das Gewicht der darüberliegenden Steine in statisch vorbildlicher Weise nach der Seite ablenkt. Also, die Giebeldekke ist belastet, alles unterhalb Liegende ist unbelastet. Die offizielle Literatur geht davon aus, daß die Struktur über der sogenannten Königskammer mit den fünf Decken eine Entlastungskonstruktion sei, und meint: „Die Entlastungskammern mögen von unserer modernen, statischen Kenntnis her als unnötig und übertrieben angesehen werden, sie haben aber den erhofften Effekt gehabt." [7/5] Man kann mit Gewißheit davon ausgehen, daß jemand, der das vollkommenste Bauwerk aller Zeiten errichtet hat, über die dafür erforderlichen statischen Kenntnisse verfügt. Außerdem braucht niemand Fachwissen, um zu erkennen, daß etwas, das selbst unbelastet ist, nicht entlasten kann.

Bemerkenswert ist, daß Decke und Zwischendecken auf der Unterseite jeweils sorgfältig geglättet, dagegen die Oberseiten unbearbeitet geblieben sind. Für die untere Decke ist das erklärlich; denn sie ist der obere Abschluß der Königskammer. Aber wozu sind die Zwischendecken so sorgfältig bearbeitet? Diese Kammern waren leer und unzugänglich. Jede dieser Decken wird jeweils aus neun Granitbalken gebildet, welche dicht beieinander liegen. Jede Decke hat ein Gewicht von etwa 40 t (jeder Balken also etwa 4,5 t). Liegt hier eine monumentale Struktur vor für nichts? Das ist kaum glaubhaft. Die Konstruktion wendet sich offenbar einem Medium zu, das wir nicht kennen, zu einem Zweck, den wir ebenfalls nicht kennen. Die Erbauer der Pyramide oder, allgemeiner ausgedrückt, die Vorindogermanen waren mit ihren naturwissenschaftlichen Kenntnissen kundiger als wir in unserer Zeit.

Ein bedeutendes Kulturelement des dynastischen Ägyptens ist der „Djed-Pfeiler" (Bild 8/3), der eine merkwürdige Ähnlichkeit mit der Konstruktion über der Königskammer aufweist. Er ist jedoch sehr viel kleiner. Ob die Ähnlichkeit zufällig ist oder eine naturwissenschaftliche Bedeutung hat, ist unbekannt. Der Zweck des Djed-Pfeilers war auch den dynastischen Ägyptern unbekannt. Er war nur noch Gegenstand eines Festes, das seit den ältesten Zeiten der ägyptischen Geschichte gefeiert wurde, dessen Sinn aber nicht geklärt werden konnte.

Hierzu machten Peter Krassa und Reinhard Habeck eine wichtige Entdeckung und gaben ihr im Verein mit Walter Garn eine epochemachende Deutung [8/2]. In der Krypta des Hathor-Tempels in Dendéra entdeckten sie Wandbilder, von denen Bild 8/4 eines wiedergibt. Es wurde von ihnen als elektrischer Beleuchtungskörper gedeutet, bestehend aus einer etwa 1/3 bis 2/3 m langen Glasbirne, die auf der einen Seite in einer blumenkelchartigen Fassung befestigt ist, die ihrer Meinung nach gleichzeitig als elektrischer Pol wirkt. Auf der anderen Seite wird die Birne von einem Djed-Pfeiler gestützt, der mit zwei Armen versehen ist, die in die Birne hineinragen und als Gegenpol zu dem erstgenannten wirken. Wenn die Birne evakuiert und an die beiden Pole eine Spannung gelegt wird, entlädt sich der eine Pol in Richtung des anderen, und es bildet sich die auf dem Relief dargestellte Schlange, welche leuchtet. Soweit war das zunächst eine Theorie.

Nun stellt sich die Frage: Wie alt sind die betreffenden Reliefs, oder wie alt ist der betreffende Hathor-Tempel? Die Grundsteinlegung des jetzigen Tempels erfolgte im Jahre 54 v. Chr. Die Fundamente bilden drei unterirdische Stockwerke mit zwölf Krypten, die mit Sicherheit viel älter als der „neue Tempel" aus der Ptolomäerzeit sind. Die in den unterirdischen Räumen gefundenen Hieroglyphen weisen eine große Verschiedenheit auf gegenüber denen der Ptolomäerzeit. Besonders auffällig ist die abweichende Grammatik der späteren Kultur. Möglicherweise gehen die ersten Krypten noch weiter zurück; denn das, was dort verzeichnet ist, war in der dynastischen Epoche vergessen wie der Djed-Pfeiler.

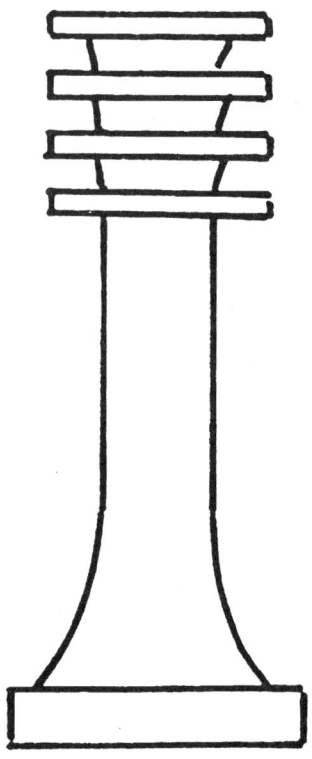

8/3 Djed-Pfeiler (ḫad (sum.) hell, glänzend,
ḫad ... ê (sum.) strahlend machend).

Nun blieben die Gedankengänge aber nicht im Theoretischen stecken. Garn hatte ein Modell angefertigt (Bild 8/5), das sich in der Anordnung eng an das Vorbild (Bild 8/4) hielt. Die Birne, 32 cm lang, wurde evakuiert mit mehrstufigen Strahlpumpen in Reihenschaltung. An die Metallteile wurde eine Spannung angelegt. Bei einem Unterdruck von etwa 40 mm Quecksilbersäule schlängelte sich ein Leuchtfaden von der einen Elektrode zur anderen. Bei weiterem Evakuieren

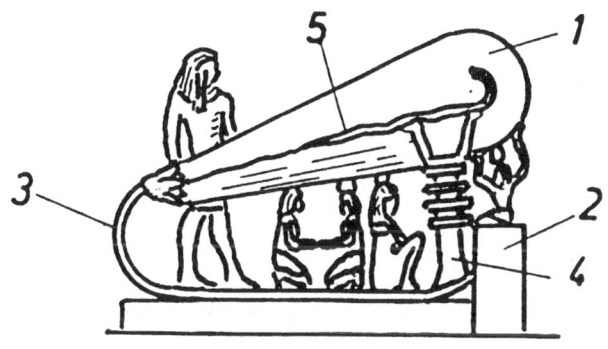

*8/4 Nachzeichnung eines Reliefs in der Krypta des Tempels zu Den-
déra. Es zeigt nach Ansicht von Garn einen elektrischen Beleuchtungskörper [8/2]:
1 Glasbirne, evakuierbar; 2 Energiespeicher (elektrischer Genera-
tor?); 3 kabelartiger Strang; 4 Djed-Pfeiler (Isolation?); 5 elektrische Entlastung.*

verbreiterte er sich zu einer Schlange, bis diese zuletzt die
ganze Glasbirne ausfüllte, der Beleuchtungskörper strahlte
[8/2]. Wo nahmen die Menschen damals die elektrische
Spannung her? Garn schlägt einen Energiespeicher vor. Dieser speichert aber nur und erzeugt nicht.

Bei Chuyut Rabu'a (Bagdad) wurden in den sogenannten
parthischen Schichten zahlreiche kleine Behälter und in diese hineinpassende Geräte wie Rohrstücke und Stifte gefunden, deren Bedeutung zunächst als „umstritten" galt. Durch
Nachbau und Versuche wurde inzwischen geklärt, daß es sich
um elektrische Batterien handelte. Ohne Kenntnis der Elektrizität wäre es auch gar nicht erklärbar gewesen, wie die
„Alten" ihren sehr feinen Schmuck herstellen konnten [8/3].

Unter dem Gesichtspunkt, daß die Elektrizität in irgendeiner
Weise bekannt war und sowohl im Gewerbe als auch zur Beleuchtung genutzt wurde, ist die Durchführung der Höhlenmalerei unter einem ganz anderen Aspekt zu betrachten. Man
hat sich bisher stets gewundert, wie in den stockdunklen

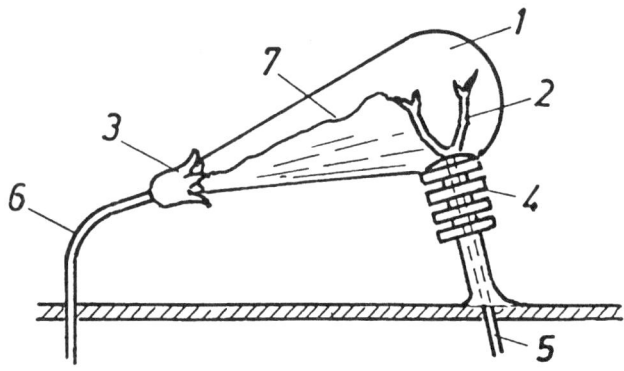

8/5 Schema eines Funktionsmodells von Garn nach dem Relief; Bild 8/4 [8/2]:
1 Glasbirne; 2, 3 Elektroden; 4 Djed-Pfeiler (Funktion unklar); 5 Anschluß einer Vakuumpumpe und elektrischer Anschluß; 6 zweiter elektrischer Anschluß; 7 leuchtende Entladung.

Räumen so hochwertige Kunstwerke erstellt werden konnten, ohne daß irgendwelche Spuren der Beleuchtung zu finden sind, wie z. B. Ruß oder andere Rückstände von Fackeln, Öllampen und dergleichen. Mit einer elektrischen Beleuchtung wäre das jetzt aber denkbar.

Batterien sind als Lösung des Problems aber unbefriedigend. Nach den Bildern der Literaturstelle [8/2] handelt es sich um sehr große Glasbirnen, andererseits sind bisher nur sehr kleine Batterien aufgefunden worden. Gemessen an den Bildern [8/2], scheint der Djed-Pfeiler für die Anlage von großer Bedeutung zu sein, was auch aus seinem Namen hervorgeht; denn Djed entspricht auf sumerisch h̲ad, gesprochen chat (ch wie in Loch) und bedeutet hell, glänzend bzw. h̲ad... ê strahlend machend. Der Djed-Pfeiler ist also nicht nur ein Isolator, was man aus seiner Gestalt schließen könnte, sondern ein Element, das aktiv leuchtend macht. Er könnte z. B. ein Kondensator, genauer ein Plattenkondensator gewesen sein, dessen Kapazität (elektrische Aufnahmefähigkeit) eine elektrische Ladung aufbauend summierte. Die dann größere

Gesamtladung wurde zum Zünden an die beiden handförmigen Elektroden in der Glasbirne abgegeben. Nach wirksamer Zündung wurde dann eine Spannung zwischen einer der handförmigen Elektroden und der Elektrode 3 (Bild 8/5) zum Leuchter ausgenutzt.

Ein naheliegender Gedanke kann uns in unseren Überlegungen vielleicht weiterbringen: Wo nehmen wir die technische Energie her? Von der Sonne direkt aus Wärme, Licht, Wasser und Wind oder indirekt aus Holz, Kohle, Öl und Erdgas. Da die Sonne unser einziger Energiespender ist, werden die Vorindogermanen die gleiche Quelle benutzt haben, aber vielleicht haben sie nicht wie wir das Magnetfeld der Sonne übersehen. Den Magnetismus nutzen wir in der Technik bereits in großem Umfang aus, indem wir in seinem Feld eine Metallschleife drehen und dadurch elektrischen Strom erzeugen (Michael Faraday). Aber wir müssen erst Energie aufwenden, um die Metallschleife anzutreiben. Im Planetensystem, zu dem unsere Erde gehört, dreht sich unser Planet ohnehin in dem Magnetfeld der Sonne, sogar zweifach, einmal um die Sonne und das andere Mal um die eigene Achse. Vielleicht haben das die Vorindogermanen auszunutzen gewußt. Dann erklärt sich nicht nur der Djed-Pfeiler, sondern auch das rätselhafte System über der Königskammer der Großen Pyramide. Damit werden auch die Maßverhältnisse der Großen Pyramide verständlich, in denen die engen Beziehungen von Sonne und Erde zum Ausdruck kommen.

Eine andere Möglichkeit bietet der Gedanke daran, daß unsere Erde ein Abkommen der Sonne ist. Dann liegt es nahe, daß in dem flüssigen Kern unseres Globus etwa ein atomarer Prozeß wie in der Sonne abläuft. Das hätte ähnliche Strahlungen auf der Erde zur Folge, die durch besondere Gesteinsgefüge örtlich gebündelt und verstärkt sein könnten. Dieses Geschehen könnten die Vorindogermanen ausgenutzt haben. Gefördert wird dieser Gedanke z. B. durch die für uns rätselhafte Deckenkonstruktion aus Granit über der „Königskammer" in der „Großen Pyramide".

Nun weist die Literatur [8/2] aber darauf hin, daß auch Glasbirnen in Gebrauch waren ohne Djed-Pfeiler und die dazugehörigen Elektroden. Diese geben dem Betrachter ein noch größeres Rätsel auf, da sich eine elektrische Deutung nicht mehr ohne weiteres anbietet. Vielleicht kannten die Vorindogermanen aber die biologische Luminizenz, d. h. das Leuchten eines Stoffes ohne gleichzeitige Temperaturerhöhung, das kalte Leuchten. Dieses „Lebenslicht" findet man bei Fischen, Krebsen, Käfern u. a. Tieren. Auch wir Menschen können im Innern leuchten, wenn auch nur schwach, z. B. im Darm. Diese Biolumininzenz erzeugt die Natur immer nach dem gleichen Prinzip. Ein Enzym, die Luziferase, bringt unter Mitwirken von Sauerstoff ein Molekül, das Luziferin, zum Leuchten. Man hat die Biolumininzenz auch bereits künstlich hergestellt, indem man das Enzym Luziferase aus dem Luziferin der Leuchtkäfer gewonnen hat. Diese Luziferase hat man dann mit Magnesiumionen oder dergleichen und Adenosintriphosphat (ATP) gemischt und damit das gewünschte Leuchten erzeugt [8/5]. Wie die Vorindogermanen vorgegangen sind, ist natürlich unbekannt. Denkbar ist auch, daß beide Typen Glasbirnen, die mit und die ohne Djed-Pfeiler, zusammenwirkten, wobei die erstgenannte Birne zum Ionisieren des Magnesiums diente.

Diese Darstellungen lassen bei den Vorindogermanen eine Gedankenwelt vermuten, die sie nach traditioneller Auffassung mangels ausreichender naturwissenschaftlicher Kenntnisse gar nicht gehabt haben können. Dieses Mißverständnis hat seine Wurzel möglicherweise in gänzlich verschiedenen Denkweisen. Unser wissenschaftliches Weltbild ist im wesentlichen von der Mathematik geprägt. Eine Deutung der Natur braucht aber nicht zwingend mathematisch zu sein. Die Natur ist nämlich a priori, sie ist „vorhanden". Sie kann weder bewiesen noch widerlegt werden. Die Mathematik geht ebenfalls auf Grundsätze zurück, welche nicht bewiesen werden können, auch nicht bewiesen zu werden brauchen, da sie unmittelbar als richtig anerkannt sind. Sie sind also ebenfalls a priori. Da sowohl die Naturbetrachtung als auch die Mathematik von „Grundsätzen" ausgehen, die nicht weiter erklärbar sind, ist es möglich, ja sogar wahrscheinlich, daß sich die Gedankengänge der Vorindogermanen von den unsrigen bereits auf der Apriori-Ebene getrennt haben, daß sie aber trotzdem zu entsprechenden Ergebnissen gekommen sind. Das schließt aber nicht aus, daß diese Ergebnisse der Gedankengänge verschiedene Entwicklungsstufen erreicht haben.

Hierbei ist zu beachten, daß die vorausgegangenen Berechnungen an der Großen Pyramide nicht eine Verfolgung von vorindogermanischen Denkprozessen sind, sondern Rückrechnungen.

Exkurs: Der Quotient φ der Stetigen Teilung oder des Goldenen Schnittes, der eine Strecke derart so verhält wie der größere Teil b zum kleinsten Teil c, kann sowohl geometrisch als auch arithmetisch abgeleitet werden.
a) Zur geometrischen Ableitung siehe Bild 8/6.

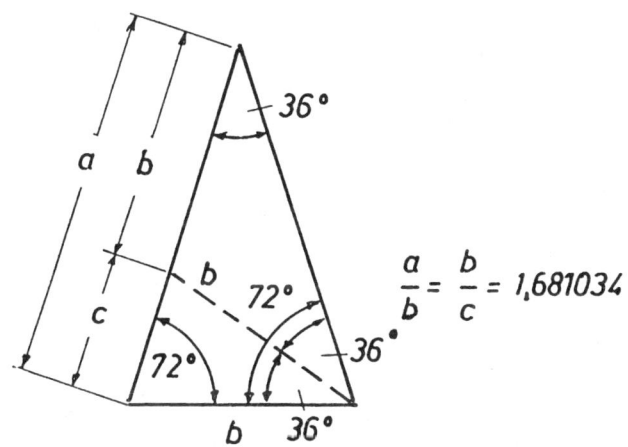

$$\frac{a}{b} = \frac{b}{c} = 1{,}681034$$

8/6 Graphische Darstellung der Stetigen Teilung oder des Goldenden Schnittes.

b) Zur arithmetischen Ableitung wird empfohlen, die gesamte Strecke a gleich „1" zu setzen. Dann ergibt sich eine quadratische Gleichung, die ohne Schwierigkeit gelöst werden kann. Es ergeben sich:
1. Lösung

$$\frac{b}{c} = \frac{1}{0,618034} = 1,618034 = \varphi$$

$$\frac{a}{b} = \frac{0,618034}{0,381966} = 1,618034 = \varphi,$$

2. Lösung

$$\frac{a}{b} = \frac{-(1,618034)}{1} = -(1,610834)$$

$$\frac{b}{c} = \frac{1}{0,618034} = 1,610834.$$

Aus der zweiten Lösung ist der Reihencharakter von φ zu erkennen.

9. Das Ende

Wann das Ende der vorindogermanischen Kultur eintrat, ist ungewiß, mit Sicherheit aber wurde es durch einen Kataklysmus herbeigeführt. Vermutlich gab es sogar zwei derartige Katastrophen, von denen die erste noch geographisch begrenzt war (Bild 9/1). Das war diejenige, von der Platon als Untergang von Atlantis berichtete. Der zweite und endgültige Zusammenbruch müßte im 4. Jahrtausend erfolgt sein.

Der erste Schreckensschlag, der vor ungefähr 11 000 bis 12 000 Jahren stattfand, muß bereits so verheerend gewesen sein, daß die Erinnerung bis heute überdauert hat, trotz der vielen Einsprüche der „Fachleute", die immer wieder beteuerten, das sei ein Märchen. Es ist aber eine Tatsache, daß die Kontinente keine „Festländer" sind, sondern sich gegeneinander, sogar untereinander verschieben. So sind z. B. der Himalaja und die Alpen dadurch entstanden, daß sich die eine tektonische Platte unter die andere geschoben hatte. Das ist keine Vergangenheit, sondern ein Dauerzustand, d. h. Teile der Kontinente heben sich, andere senken sich infolge der Kollision aufgrund der Horizontalverschiebung. Inzwischen

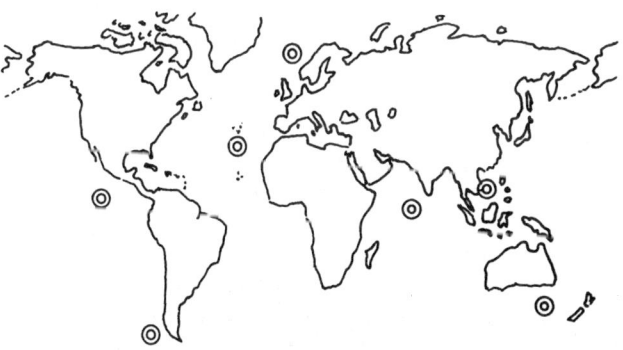

9/1 Einschläge des zerplatzten Kometen, dem vermutlich die Vorindogermanen zum Opfer fielen, aber zunächst noch überlebt hatten (Untergang von Atlantis durch den Einschlag im Mittelatlantik) [9/1].

hat sich herausgestellt, daß sich die Erdkruste auch vertikal verändert, also hebt und senkt. Man hat gerade neuerdings (1996) veröffentlicht, daß sich der östliche Küstenstreifen von Kanada jährlich um drei bis vier Millimeter senkt [9/4]. Wenn allerdings ein Himmelskörper einschlägt, so ergibt sich ein plötzlicher Niederbruch. Ein derartiger Impakt kann seinerseits Land- oder Seebeben auslösen, sogenannte Impaktbeben. Einschläge von Himmelskörpern ereignen sich, erdgeschichtlich betrachtet, häufiger, so im Leben der Vorindogermanen mutmaßlich zweimal, wobei das zweite Mal für die Kultur tödlich war.

Auf diese Naturereignisse bezieht sich offensichtlich auch ein gekürzter Auszug aus der sogenannten erzählenden Edda des Snorri Sturluson. Es ist – da aus der Edda entnommen – ein indogermanischer Bericht. Die Indogermanen lebten damals aller Wahrscheinlichkeit nach im hohen Norden und wurden nicht so in Mitleidenschaft gezogen wie die Vorindogermanen, die zu jener Zeit die Kultur in den mittleren Breiten der Erde beherrschten. Die Geschichte erzählt, daß ein König namens Gylfi, der sich inkognito Gangleri nannte, die Asen aufsuchte, um den Grund ihrer Macht zu erforschen. Er traf den König Har. Es entspann sich folgender Fragedialog, wobei die Antworten in Weissagungen gekleidet sind:

„Gangleri: Welche Kunde ist zu berichten über die Götterdämmerung? Davon habe ich vorher nie etwas zu
hören bekommen.

Har: Große Nachrichten sind uns viele davon zu er-
wähnen. Das zum ersten, daß ein Winter wird,
der Fimbulwinter (fimbul ist eine verstärkende
Vorsilbe mit der Bedeutung „stark") genannt ist,
Da stöbert der Schnee von allen Seiten, die Kälte
ist groß, und die Winde sind scharf; nichts ver-
mag die Sonne. Diesem Winter folgen drei einander und kein Sommer dazwischen ... Da begibt
sich, was als ein schweres Ereignis erscheint, daß
ein Wolf die Sonne verschlingt ... Da ergreift der
andere Wolf den Mond und schafft damit auch

gar mächtigen Schaden; und die Sterne fallen vom Himmel.

Da ist auch das zu melden, daß die ganze Erde erbebt und die Berge, so daß die Bäume entwurzelt werden, die Felsen umstürzen und alle Fesseln und Bande brechen und reißen ... Da wallt das Meer über die Lande, denn die Midgardschlange (die das Weltmeer umringende Schlange) wälzt sich in Riesengrimm und sucht das Land auf ... Nun reiten die Söhne Muspels (die Splitter des Meteoriten) einher. Sur (Meteorit, niederbrechender Planet oder dergleichen) reitet als erster und vor und hinter ihm fährt loderndes Feuer. Sein Schwert ist herrlich und der Schein davon leuchtender als von der Sonne ..." [9/2].

Hier schließt sich ein Krieg der germanischen Götter an, der in einem Kampf um Troja mit der Götterdämmerung endet. Diese Ursage um Troja diente Homer als Entwurf zu seinem Epos. Die Ur-Trojasage wurde leider in der deutschen Literatur nicht übersetzt. Die Übersetzung wurde erst kürzlich nachgeholt [9/3].

Für unsere Betrachtung interessieren zwei Naturkatastrophen, die erste um 9 500 v. Chr., die im allgemeinen mit dem Untergang von Atlantis in Zusammenhang gebracht wird. Diese überlebten die Vorindogermanen als Träger einer Hochkultur zunächst. Eine spätere zweite löschte sie aber aus. Auf welche der beiden sich die Edda bezieht, wissen wir nicht. Über den ersten Niederbruch sind wir durch Auffinden von Tektiten und durch Überlieferungen verhältnismäßig gut unterrichtet. Der Meteor oder der niederbrechende Komet hat sich vor dem Einschlag in sieben große Teile gespalten, deren Krater alle im Ozean liegen [9/1].

1. Nahe der Südostecke Australiens. Der Krater befindet sich vermutlich in der Nähe von Tasmanien. Geologische Beweise sind Tektiten, die mit nordwestlicher Streurichtung über Südaustralien geschleudert wurden.

2. Ein Einschlag im südchinesischen Meer ist ebenfalls durch Überlieferungen, insbesondere durch Kunst, und

durch zahlreiche etwa 10 000 Jahre alte über Vietnam verstreute Tektiten zu beweisen.

3. Ein Einschlag im Indischen Ozean ist durch Augenzeugenberichte, welche in die indischen Mythen eingeflossen sind, zu belegen, insbesondere auch durch Sagen über eine starke Rotfärbung von Meer und Land infolge eines „Blutregens". Beim Aufprallschock und mit dem heißen Auswurf werden Stickoxyde erzeugt, die an die Atmosphäre abgegeben, durch Regen ausgewaschen werden und dann als salpetersaurer „Blutregen" niederkommen.

4. Ein weiterer Teil traf in den Nordatlantik und ferner einer

5. in den Mittelatlantik. Hier war die Katastrophe besonders unheilvoll, weil der Aufschlag auf den Bruch des atlantischen Rückens stieß und dadurch die verheerende Wirkung hatte, von welcher Platon berichtete.

6. Es ist dann noch ein Geschoß im östlichen mittleren und eines im östlichen südlichen Pazifik zu verzeichnen.

Wenn auch der Einschlag im Mittelatlantik eine solche Wirkung hatte, daß die Insel Atlantis, wie Platon schreibt, an einem schlimmen Tag und in einer schlimmen Nacht unterging, so ist die damalige Kultur offensichtlich weltumspannend erhalten geblieben, wie allein das Megalithikum zeigt.

Die zweite Naturkatastrophe muß sich etwa um 4 000 bis 3 500 v. Chr. ereignet haben. Sie war als echter Kataklysmus „end"-gültig. Hierauf scheint sich die Sintflutsage zu beziehen, die Vernichtung durch eine Wasserflut. Man kann diese Naturereignisse in zwei Hauptgruppen unterteilen. Die eine Gruppe sind die Einschläge, die mehr oder weniger genau die Erde treffen, einen Krater bilden und den Auswurf von Tektiten, Erdbeben und Wasserfluten verursachen, die aber alle örtlich beschränkt sind. Bei der andere Gruppe nähert sich ein Himmelskörper der Erde in einer Spirale, d. h. während der Annäherung umkreist er sie, und zwar zunächst schnell, dann immer langsamer. Hierbei sammelt der Meteor durch seine Anziehungskraft von allen Seiten immer mehr Wasser unter sich. Diese Flut umkreist unaufhaltsam und immer höher werdend die Erde, es gibt kein Entrinnen. So war es auch bei der zweiten Katastrophe. Alles, was im Bereich der Bahn des kosmischen Körpers lag, wurde verschlungen. Verschont blieben die in der Nähe der Pole Lebenden, z. B. die Indogermanen und die Bewohner der Hochgebirge, z. B. die der Pyrenäen, die Räter in den Alpen, die Bewohner Abessiniens und andere. Alte Kulturen vergingen, neue entwickelten sich. In der Zeit zwischen 3 500 und 2 800 v. Chr. wird der Beginn des dynastischen Ägyptens angesetzt. 3 102 v. Chr. wurde Krishna, die achte Menschwerdung Vishnus, getötet. Im Jahre 3 113 oder 3 245 v. Chr. war nach der Mythologie der Maya in Mittelamerika eine „Neue Sonne", die fünfte, geboren worden.

Die Herrschaft der Indogermanen begann.

10. Epilog

Die letzte Katastrophe muß derart vernichtend gewesen sein, daß uns von der Denkweise der Vorindogermanen wenig überliefert worden ist. Sie müssen aber einen hohen Wissensstand gehabt haben. Überkommen ist uns nur das Ergebnis ihrer Gelehrsamkeit, das ist die Große Pyramide. Mit welcher Theorie sie dieses Ergebnis erlangt hatten, kann nicht mehr rekonstruiert werden. Es bleiben nur Fragen. Kannten sie die Kreiszahl π, mit der sie dann aus der Höhe der Pyramide über den Umfang der Erdbahn das Grundquadrat errechnet hatten? Oder kannten sie den Quotienten φ der Stetigen Teilung bzw. des Goldenen Schnittes, aus dem sie dann mit Hilfe der Beziehung $4 : \sqrt{\varphi}$ oder $16 : \varphi$ die Seitenlänge des Grundquadrats direkt bestimmt hatten? Oder sind sie auf einem für uns nicht vorstellbaren Weg ohne „unsere" Mathematik zu diesem Wissen gekommen? Die Große Pyramide legt sogar nahe, daß sie der Stetigen Teilung ein Naturgesetz entnommen hatten, welches uns unbekannt ist.

Die Vorindogermanen kannten das Planetensystem, das sogar in die Symbolik einging als Kreis mit Mittelpunkt äquivalent zur Sonne mit umlaufenden Planeten. Sie kannten den Abstand der Erde von dem Zentralgestirn und die Länge ihrer Bahn. Sie haben beides in der Großen Pyramide mit hoher Genauigkeit dargestellt vor vielen tausend Jahren, noch bevor in Europa die Erde für eine Scheibe gehalten wurde. Sie brachten in der Pyramide den Durchmesser der Erde mit ihrer Bahn in Beziehung, was ein Zeichen dafür ist, daß sie die Gesetze der Massenanziehung beherrschten.

Die Vorindogermanen verstanden das Bauen mit so riesigen Steinen, für die sogar unsere heutigen Baumaschinen ungeeignet wären. Unsere Vorstellungen darüber sind höchst unlogisch. Einerseits halten wir unsere Vorfahren für primitiv, andererseits können wir keine Mittel benennen, mit denen diese Steine bewältigt werden könnten.

Über der sogenannten Königskammer der Großen Pyramide befindet sich eine Baustruktur, die von unseren zuständigen Fachleuten für eine Entlastungskonstruktion gehalten wird, wenn auch zugegeben wird, daß diese nicht sachgerecht durchgeführt worden ist. Bei unvoreingenommener Betrachtung muß den Pyramidenbauern aber zuerkannt werden, daß sie zu viel von ihrem Fach verstanden, um etwas absolut Sinnloses zu bauen. Sie müssen also ein Wissen gehabt haben, von dem wir heute gar nichts ahnen. Das gleiche betrifft auch den Djed-Pfeiler. Nachdem inzwischen festgestellt wurde, daß die Vorindogermanen sogar künstliche Beleuchtungskörper verwendeten, sind wir, was die Energiequellen dazu anbelangt, völlig unwissend.

Das Alphabet ist erhalten geblieben mit der uns geläufigen Folge der Vokale a, e, i, o, u über Jahrtausende. Das erste „A" [5/2], das wir kennen, ist mindestens 10 000 Jahre alt. Diese Schrift ist bewahrt worden, vermutlich weil sie ursprünglich einem sakralen Zweck diente.

Die Benutzung eines Bauwerkes hat allerdings überdauert bis heute in über die Zeiten sich wandelnder Form. Das ist der Menhir, der ursprünglich vermutlich als Bake diente. Wahrscheinlich zu demselben Zweck wurden von irischen Mönchen Rundtürme errichtet, die dann von irischen Missionaren auf das europäische Festland übertragen wurden als Kirchtürme. So ist z. B. der Turm des Ulmer Münsters ein Nachkomme des megalithischen Menhirs.

11. Glossar

Adenosin-
triphosphat (ATP)
  spielt in der biologischen Zelle die Rolle von
  Energielieferanten und -speichern. Adenosin
  ist eine Verbindung aus Adenin (Vitamin B4)
  und Ribose (eine Zuckerart).

Akkad
(Achad)
  Ehemalige Stadt in Neu-Babylonien. Die
  Sprache war semitisch und wurde in Babylo-
  nien und Assyrien gesprochen.

Altägypten
  dynastisch etwa ab der Zeit ab 3 000 v. Chr., in
  der die ägyptischen Epochen nach Dynastien
  der Könige eingeteilt wurden; vordynastisch
  die Zeit vor der dynastischen Epoche, eine
  Zeitgrenze zur Vorzeit hin ist nicht bekannt.

antithetisch
  gegensätzlich

a priori
  (lat.) von früher her, ist eine Einsicht, deren
  Richtigkeit durch die Erfahrung weder bewiesen noch widerlegt werden kann.

Architrav
  ist der den Abstand von zwei Säulen oder
  Pfeilern überspannende und auf diesen auflie-
  gende Balken.

Assyrien
  (akkadisch Aschschur): Land um die Stadt
  Assur am mittleren Tigris. Die Sprache war
  ein Dialekt des semitischen Akkadisch.

Aurignacien
  nach der Höhle von Aurignac (Frankreich)
  benannte Kulturepoche von etwa 30 000 v.
  Chr. bis 25 000 v. Chr.

Bake   ein weithin sichtbares Orientierungs- und
                    Warnzeichen, heute meist im Seeverkehr, frü-
                    her auch für Landreisende.

Basken   spanisch Vascos, baskisch Eskaldunak. Ein
                    vorindogermanisches Volk in Nordspanien
                    und in Südwestfrankreich. Gilt als eines der
                    ältesten Völker Europas. Ihre Sprache gilt
                    ebenfalls als eine der ältesten, sie ist ver-
                    wandt mit dem Sumerischen und sehr wahr-
                    scheinlich auch mit dem Kassitischen.

Djed-Pfeiler   ein prähistorischer Gegenstand, dessen
                    Zweck ungeklärt ist. Das „Aufrichten des
                    Djed-Pfeilers" war in der dynastischen Epo-
                    che Altägyptens ein Kult zu Ehren des Gottes
                    Ptah (Schöpfer der Welt durch seine Gedan-
                    ken und seinen Ausspruch, vermutlich my-
                    thologisch verwandt mit Ka-ás bzw. cha-os).

Dogon   Afrikanisches Volk, im Staate Mali lebend,
                    südlich der Stadt Timbuktu.

Dolmen   Steintisch. Dol, toal = Tisch; men = Stein,
                    beides bretonisch.

Edda   Sammlung nordischer Mythen, Götter- und
                    Heldensagen, die ursprünglich mündlich wei-
                    tergegeben wurden und im 9. bis 12. Jahrhun-
                    dert als sogenannte Sämundar-Edda und um
                    1 230 n. Chr. von Snorri Sturluson in altnor-
                    discher Sprache niedergeschrieben wurden.

Entasis   (griech.), in der griechischen Baukunst eine
                    kaum merkliche Schwellung des Säulen-
                    schaftes.

Enzym   ein (griech.) darin, zyme (griech.) Sauerteig
                    (Ferment). Eiweißverbindung, die biochemi-

sche Vorgänge als Katalysator ermöglicht oder beschleunigt.

Gaia   siehe unter Titanen.

Herodot   490 – 430 v. Chr., griechischer Gedichtschreiber und Reiseschriftsteller.

Hesekiel
(Ezechiel)   war ein biblischer Prophet während des babylonischen Exils der Juden bis 571 v. Chr. In dieser bereits geschichtlichen Zeit wurde sonst keine Flugmaschine eingehend beschrieben. Es ist daher anzunehmen, daß in das Buch Hesekiel ältere Berichte aufgenommen wurden, zumal der heutige Text jünger als 571 v. Chr. ist und daher nicht buchmäßig auf Hesekiel eingeschränkt zu sein braucht.

Hethiter   (hebräisch Chittim), Volk mit indogermanischer Sprache, das im 2. Jahrtausend v. Chr. vom östlichen Kleinasien aus ein bedeutendes Reich schuf.

Homo sapiens
sapiens,   homo (lat.) Mensch; sapiens (lat.) weise, einsichtsvoll; sapiens sapiens (lat.) sehr weise, sehr einsichtsvoll. Die seit 40 000 Jahren (?) lebende Gattung des Menschen wird mit Homo sapiens sapiens, also mit „sehr weiser, sehr einsichtsvoller Mensch" bezeichnet. Diese Bezeichnung setzt voraus, daß sich der Mensch vom primitiven Entwicklungsstand zum heutigen weisen Stand kontinuierlich entwickelt hat. Dieser Standpunkt ist strittig.

Huitznahuac   (gesprochen: hu wie das englische w und z wie s, also whitsnawhac): wichtiger Tempel

127

im alten Mexiko.

Imhotep	altägyptischer Arzt um 2 800 v. Chr., Baumeister und Berater des Königs Djoser. Angeblich Erfinder der Steinbaukunst, dann hätte er allerdings früher leben müssen. Siehe auch unter Kuthar.
Impakt	Einschlag
Indogermanen	auch als Indoarier bezeichnet. Eine Völkergruppe mit Sprachen, die soviel Übereinstimmung zeigen, daß sie sich auf eine Grundsprache zurückführen lassen. Hierzu gehören u. a. die arischen Inder (mit der Sprache Sanskrit), die iranischen Sprachen, die griechischen und lateinischen, die keltischen und germanischen sowie die slawischen Sprachen und das Tochäische (in Ostasien). Nicht dazu gehören das Baskische und das Sumerische.
Jentilak	Baskische Sagengestalt. Er lebte im Hochgebirge und konnte Felsen über weite Entfernungen werfen.
Kartusche	Im dynastischen Ägypten wurden die Königsnamen in einer charakteristischen Umrahmung geschrieben. Diese heißt Kartusche.
Kassiten	(Kossäer), ein mit den Sumerern verwandtes Volk im alten Orient, wo sie seit dem 17. Jahrhundert v. Chr. nach Babylon eingedrungen sein sollen. Sie waren zeitweilig eine den Ägyptern und Hethitern gleichberechtigte Macht. Ihre Sprache ist mit der sumerischen verwandt oder sogar die gleiche.
Kataklysmus	eine erdgeschichtliche Katastrophe mit plötzlicher Vernichtung.

Ker	ein Todesdämon, von dem wir durch die griechische Mythologie wissen, ein Sohn der Nacht (griech. Nyx), die ein aus dem Ka-áš (griech. cha-os) unmittelbar entsprungenes Urprinzip ist. Urprinzipien sind keine griechischen Götter, sondern älterer Herkunft.
Krishna	indisch, der Schwarze (Sanskrit), ist die echte Wiedergeburt Vishnus, des „erhaltenden" Gottes. Jedesmal, wenn die Ordnung, die Gerechtigkeit oder die Moral in Gefahr sind, spricht Vishnu selbst zu uns durch die Person seiner Menschwerdung.
Kuthar	göttlicher Baumeister der westsemitischen Mythologie, vermutlich sumerischer Gott des Handwerks, vielleicht identisch mit Imhotep.
Lokativ	Fall in der Grammatik, der die räumliche Lage bestimmt; in, an, bei, auf etwas.
Luziferase	ist ein Enzym, das nach Luzifer, dem Lichtbringer benannt ist. Es bringt mit Hilfe von Sauerstoff das Molekül Luziferin zum Leuchten.
Magdalénien	nach dem Fundort La Madeleine, Frankreich, benannte Kulturstufe, um etwa 15 000 bis 9 000 v. Chr.
Maya	indianische Völker in Guatemala und Mexiko. Vorfahren waren die Träger einer Kultur, die sich heute bis 2 000 v. Chr. zurückverfolgen läßt.
Megalith	aus mega (griech.) groß, lithos (griech.) Stein.

Megalith- Kultur	ist gekennzeichnet durch das Errichten von Bauten aus sehr großen Steinen. Diese Kultur war über die ganze Erde verbreitet. Ob die Große Pyramide in Gizeh (Ägypten) dazugehört, ist strittig. Das ist das Thema dieses Buches.
Menhir	aus men (bretonisch) Stein, hir (breton.) lang.
Mesopotamien	Zweistromland, Gebiet zwischen den Flüssen Euphrat und Tigris südlich des anatolischen Gebirgslandes einschließlich der beiden äußeren Uferbereiche der beiden Flüsse.
Odin	stand an der Spitze der Asen, einem Göttergeschlecht. Er war ein Kriegsfürst, der Wilde Jäger. Nach einem Krieg mit den Wanen, einem anderen Göttergeschlecht, vereinigten sich beide Geschlechter. Erst danach kann man von „Germanen" sprechen.
Platonische Idee	ist nach dem griechischen Philosophen Platon das ewige und unveränderliche Urbild eines Dinges. Sie ist nur geistig erfaßbar.
Postposition	ist die Stellung der Silbe hinter dem Stammwort.
Präzession	ist die Form der Bewegung eines Kreisels, bei der seine Drehachse noch zusätzlich eine kegelförmige Drehbewegung ausführt, so auch die Erde. Eine Umdrehung der Kegelbewegung der Erde währt 25 800 Jahre.
Runen	waren geheime Zeichen, die bei den Germanen auf Buchenstäben geritzt wurden, daher

die Bezeichnung „Buchstabe". Mit ihnen wurde das „Los" geworfen, dann wurden sie auf-"gelesen", zu „Stabreimen" zusammengestellt und daraus die Zukunft gedeutet.

Sumer
ist ein antikes Land im Mündungsgebiet von Euphrat und Tigris, bewohnt von den Sumerern seit etwa dem 4. Jahrtausend v. Chr. Herkunft und Wanderungsfragen sind ungeklärt. Nach neuester Forschung, siehe auch dieses Buch, besteht eine Verwandtschaft zwischen der sumerischen und baskischen Sprache sowie mit der Sprache der Kassiten, Kaukasier und Tibeter.

Tektite
sind aus schwer schmelzbarem Glas bestehende Körper unterschiedlicher Form und Farbe, etwa bis einige Zentimeter groß und birnenförmig. Sie entstehen bei Vulkanausbrüchen oder Einschlägen eines Meteoriten. Allerdings noch nicht vollständig wissenschaftlich untersucht.

These, Antithese, Synthese
Satz, Gegensatz, Zusammenfügung zu einem höheren Ganzen.

Titanen
Götter aus einer älteren Kultur, die von den Griechen übernommen wurden. Es sind Söhne und Töchter des Uranos (Himmel) und der Gaia (gesprochen Gäa, Erde), von ihnen stammt Ker ab.

Trilith
(griech.) dreisteinig. Aus zwei Pfeilern und einer waagerechten Platte gebildete brückenartige Konstruktion.

Tumulus	Hügel, meist in der Bedeutung von Grabhügel.
Uranos	siehe unter Titanen.
Vishnu	gehört zur indischen Götterdreiheit Brahman, der Schöpfer, Vishnu, der Erhalter, und Shiva, der Zerstörer.
Würmeiszeit	Eiszeit ist der Zeitraum der Erdgeschichte mit einer ausgedehnten Vergletscherung, die durch das Klima hervorgerufen ist. Es gibt verschiedene Eiszeiten, die durch Warmzeiten (Zwischeneiszeiten) unterbrochen sind. Die letzte Eiszeit war die sogenannte Würmeiszeit, die um 10 000 v. Chr. zu Ende ging. Sie trägt ihren Namen nach dem bayrischen Fluß Würm.
π	= 3,14159 = Kreiszahl, die erforderlich ist, um aus dem Durchmesser eines Kreises den Umfang zu errechnen.
φ	= 1,618034 ist der Quotient der sogenannten Stetigen Teilung oder des Goldenen Schnittes. Nur dieser Quotient entsteht, wenn eine Strecke so geteilt wird, daß die ganze Strecke sich zum größeren Teil verhält wie der größere Teil zum kleineren Teil.

Zwischen π und φ besteht folgende Beziehung:

$$\pi \cdot \sqrt{\varphi} = 3,996167 \approx 4$$
$$\sqrt{\varphi} = 1,2720196.$$

Tabelle 2/1: Wortvergleich Sumerisch – Baskisch

Deutsch	Sumerisch	Baskisch	Bemerkungen
Frau	gêm, gême	eme, ema	
Mann	gú, gu, gi	gizon	
Auge	igi	begi	
Sonne	u, ud	gu	
Haus	eš	etche	
Hälfte, Teil, zwei	ba, be, bi	bi, biga	
Berg	iši		
Bergrücken		biz • kar mit kar = Stein, Eis, Wall	
Wall	kar	kar	
fest	kal		
Burg		kala (?)	
Tochter	ari, arib	ala, alaba	Sum.: Tochter des Schwiegervaters Bask.: – ba vermutlich ebenfalls. Beachte, daß r und l gleichwertig sind.
Fluß	i	ibai	
Wasser	a	ur	
Ziege	úz	auntz, ahuntz	
Hund	ur	zakur	

Gartenpflanze	garaš		
Gemüse		baraski	= baras • ki mit ki = Suffix der Brauchbarkeit

š gesprochen wie sch (schwarz)

<u>h</u> gesprochen wie j (Jahr) oder auch wie ch in Loch

Tabelle 2/2: Vergleich der Grammatiken des Sumerischen und Baskischen

Sumerisch	Baskisch
Kein allgemeiner Artikel	dto.
Hinweisender Artikel durch Anfügen eines a oder e (ä) oder seltener u an das Nomen	a oder e
z. B. má • e, ê • a Land das Haus das	gizon • a Mann der
"Haben" gibt es nicht, es kann nur mit „sein" um-schrieben werden	Es gibt kein aktives Haben, es muß im Passiv umschrie-ben werden
z. B. ama tug • me Mutter im Besitz • bin ich ich bin im Besitz der Mutter	Gizon bat • ek z • u • en bat • seme Mann ein • von er • wurde ge-habt ein Sohn Ein Mann hat einen Sohn
Der Hinweis auf eine Rich-tung erhält die Silbe „ra": ad • da • na • ra (sprechen) Vater mit seinem zu (spre-chen) zu seinem Vater (sprechen)	Der Hinweis auf eine Rich-tung enthält die Silbe „ra": herri • bat • e • ra Land • ein • das • nach nach dem einen Land
Der Hinweis in oder an ei-nem Ort lautet „ta" oder „tan" igi • gál • gal • mu • ta Augen • geöffnet • groß • mein • in (wegen) in meiner großen Weisheit	Der Hinweis in oder an ei-nem Ort lautet „ta" oder „tan" herri • har • tan Land jenem • in in jenem Land
ud imma • nin gar Sonne er sie einsetzt er setzte die Sonne ein	urd • a • z • u • en Schwein das es wurde gehabt (von ihm) (er) hatte das Schwein

Auch im Satzbau bestehen Übereinstimmungen. In beiden Sprachen ist es beliebt, das Objekt dem Verbum voranzustellen. Es beim Verbum aber als rückbezügliches Infix wieder aufzunehmen und dadurch als Akkusativ bzw. Dativ zu charakterisieren. Akkusativ und Dativ sind nicht ausdrücklich erkennbar gemacht; die Beziehung ist im Verbalausdruck erkennbar. Im Deutschen würden die Beziehungen lauten:

Der Vater das Kind ein Apfel er ihm ihn gibt.

Tabelle 2/3: Wortvergleich Sumerisch – Tibetisch[2]

Deutsch	Sumerisch	Tibetisch	Bemerkungen
Mund	Ka	K'a	K' asperiert gesprochen
fest, stark	Ka	K'al	
groß	gal		
Zwang		gal	
töten, zerschlagen	gaz	a-gas	
sich biegen	gam	a-gum	
Jahr	mu	lo	
Mensch	me	mi	
Dolch	gir		
Messer		gri	
brennen	tan		
Herd		t'ab	
Taube	tu		
Holztaube		t'i	
Seite	da		
Seite des Gesichtes		da	
Schacht, Loch	dun	don	
Licht, rein	lah	lag	h: gesprochen etwa wie j oder wie ch in Loch
Tag, Sonne	u, ud		
Licht		od	

---

2.   Ohne die Tonhöhe anzugeben

Mit Ausklingen des Endkonsonanten im Sumerischen

Deutsch	Sumerisch	Tibetisch	Bemerkungen
essen	Ku		
Brot, Nahrung		K'ur	
sprechen, rufen	gu	a-gug, K'ug	
Haus	ga	K'an	
selbst	ni	uid	
liegen	na, nu	tah	
Hand, Arm	šu	sug	š: gesprochen wie deutsches sch

Tabelle 2/4: Sumerisch-indogermanischer Wortvergleich

Aggregat	agrégat, agir (franz.) agere (lat.) von ag (sum.)	handeln machen
Circulus (lat.)	Kreis von zi (sum.) davon zilulu (sum.)	umschließen, Kreis
Dark (engl.)	dunkel, finster von dar (sum.)	dunkel, finster
Durer (franz.)	duration (engl.) Nicht von diu = diû (altlat.), sondern von duru (sum.)	Dauer lange Zeit Dauer, Ewigkeit

Jul – in Nordeuropa das Ende des alten Jahres, es ist begleitet von der Jul-Feier (jetzt Silvester-Feier) von

hul (sum.)   =   vernichten, zerstören
oder húl (sum.)   =   Freude.

Nachbar –   nicht abzuleiten von nachgebur (mittelhochdt.) oder von nagibur (altdt.) mit nah = „nahe" und bur = Bauer, sondern von na (sum.) = Mensch und bar (sum.) = Seite oder bàr (sum.) = wohnen.

Tabelle 2/5: Wortvergleiche des Sumerischen, auch Baskischen und
Tibetischen mit Sprachen
außerhalb Europas

Sumerisch	kud	trennen
Baskisch		
Tibetisch		
Maori	koti	schneiden
Rarotonga	koti	schneiden
Peru	ccuta	Faden mit den Zäh-nen abschneiden
Guatemala	kux	schneiden
Mexiko	cocoto	etwas sehr klein zerschneiden
Chile	cathün	schneiden

Sumerisch	eme	Zunge, Sprache, Mund, essen
Baskisch		
Tibetisch		
Maori	hamumu	sprechen
Tahiti	hamu	gierig, gefräßig
Hawaii	hamu	verweigern die Nahrung
Samoa	memu	die Lippen bewe-gen
Peru	simi	der Mund, der Bis-sen, das Wort

Sumerisch	eme-dib	stumm (dib = nehmen)
Baskisch		
Tibetisch		
Maori	amu-amu	brummen, unzufrieden murren
Hawaii	anu-amu	lästern, fluchen, schmähen
Samoa	amu	undeutlich sprechen
Peru	amu	stumm
Paraguay	amú, amuç	stumm sein

Sumerisch	eri, uru	Stadt, Ortschaft
Baskisch	iri	Stadt
Tibetisch		
Maori	uru	sich vereinigen mit, sich anschließen
Hawaii	ulua	sich versammeln
	ulu-ulu	an einer Stelle versammeln
Peru (?)	ura	ein tief gelegener Ort
Guatemala	ulaah	beherbergen

Sumerisch	ur(u)	Hund, Löwe
Baskisch	zakur	Hund
	urd	Löwe
Tibetisch		
Maori	kuri	ein Hund, jeder Vierfüßer
Tahiti	uri	ein Hund
Samoa	uli	ein Hund
Cook-Inseln	kuri	ein Hund

Sumerisch	kú	essen
Baskisch	ogi	Brot
Tibetisch	kur	Brot, Nahrung
Maori	kai	Nahrung, essen, beißen
Tonga	kai	Nahrung, essen, beißen
Samoa	'ai	essen
Paumota	kai	Nahrung, essen
Marquesas	kai	Nahrung, essen
Mexiko	qua	beißen
Guatemala	cag	kauen, beißen
Peru	kaca	Lebensmittel
Paraguay	cayy	essen
Yucatan	chii	beißen
	cháach	kauen

143

Sumerisch	ti	Rippe, Rippe eines Schiffes
Baskisch		
Tibetisch	r-tsib	Rippe
Maori	taiki	eine Rippe
	tira	Mast eines Kanus
Tonga	jila	Segelstange
Samoa	tila	Burgsprit
Cook-Inseln	tira	Mast

Sumerisch	gál	sein, existieren
Baskisch	za	sein
Tibetisch		
Mexiko	ca	sein
Guatemala	ca	sein
Peru	ca	sein
Paraguay		
Yucatan		
Chile	ghen	sein

Sumerisch	a-gargara,	Gewimmel von Fischen
	a	Wasser
Baskisch	arrain, aram	Fisch
	ur	Wasser
Tibetisch	tch'u	Wasser
Maori	karekare	Brandung, Bewegung durch Fische
Fidschi	kerekere	Brandung
Hawaii	aleale	aufrühren von Wasser
Guatemala	car	Fisch

Sumerisch	ki, kid	machen, tun
Baskisch	gi	tun, machen -k: Suffix des Urhebers
Tibetisch	dch'eh	machen
Maori	ki	sagen, sprechen, denken
Mexiko	chi(ua)	machen

Sumerisch	ag	machen, kundtun
Baskisch		
Tibetisch		
Samoa	aga	tun, handeln
Tonga	aga-aga	sorgsam handeln
Maori	anga	tun, anfangen
Cook-Inseln	anga	arbeiten, sich ab-mühen
Mexiko	ay	machen

Sumerisch	gur	wenden
Baskisch		
Tibetisch	d-gur, r-gur– s-gur	krümmen, wenden
Maori	huri	sich wenden
Hawaii	huli	sich drehen
Guatemala	cur	kreuz und quer ge-hen
Chile	huall, huallyaun	im Kreise gehen

Sumerisch	i, ia	Stein, auch bewäs-sern
Baskisch	ar, arri, harri, karri	Stein (h am Anfang kann zu k werden)
Tibetisch		
Paraguay	ay	Stein
Guatemala	yaah, yi	wie stilles Wasser sein

Sumerisch	lu	in Unordnung bringen
Baskisch	luta	Erdrutsch
Tibetisch		
Maori	ru	schütteln, Erdbeben
Samoa	lue	schütteln
Tahiti	ruru	zittern, schütteln
Hawaii	lu	schütteln, ausgießen
	(haa)lulu	sich fürchen
Neue Hebriden	ruru	zittern

Sumerisch	šu	Macht, Gewalt, überwältigen
Baskisch		
Tibetisch	a-c'un, a-jun	gezähmt werden, unterwerfen
Maori	hau	berühmt, bekannt
Samoa	saua	grausam, despotisch
Fidschi	sau	König, Befehl
Cook-Inseln	au	Regierung
Tahiti	hau	Regierung, Herrschaft
Guatemala	ahau	König

Sumerisch	kúr	Sonnenaufgang
Baskisch	gorri k(h)ar, gar	rot Flamme
Tibetisch		
Maori	kura, pa-kura-kura, ma-kura-kura	rot, glühend
Paumuta	kura-kura	rot, violett
Tahiti	ura	rote Feder, Glut, Flamme
Hawaii	ula	Lichtstreifen, Dämmerung
Guatemala	hul	strahlen, funkeln

Sumerisch	bubuluhe	zittern, erschrek- ken
Altpommern	Bummelux	Kinderschreck
Tibetisch		
Mexiko	popolhuia, popoloa popoloca	kämpfen, zerstören ein Mensch ande- ren Volkes und an- derer Sprache
Guatemala	pob	Schaden zufügen

Sumerisch	gur gir	laufen Fuß, Gang
Baskisch	j•ua•n, j•oa•n	gehen
Tibetisch	a-gro, b-gom	gehen
Maori	kori	hin- und herbewe- gen

Sumerisch	pú	Brunnen, Grube, Tiefe Loch
Baskisch		
Tibetisch	bug, bub	Loch
Maori	puta	Höhle, Loch, hohl
Samoa	pu, puna	Höhle, Brunnen, Quelle
Hawaii	puna	Brunnen, Quelle
Peru	pukru, pukyn	Brunnen, Quelle
Yucatan	pot	Loch

Sumerisch	hul	Freude
Altpommern	jul	Freudenfest zur Wintersonnenwende, auch in Nordeuropa
Tibetisch		
Hawaii	hula, hula-hula	tanzen, singen
Tahiti	hura	jauchzen
Guatemala	hul	strahlen, leuchten
Yucatan	olal	Freude

Tabelle 3/1: Ortsnamen für Europa aus dem Sumerischen oder Baskischen (Bretagne)

Carnac[3]: Da es sich um eine bedeutende Tempelanlage handelt, bietet sich folgende Deutung an:

Ka • ár • na • ag

Ka (sum.)	=	Mund
ár (sum.)	=	Erhabenheit
na (sum.)	=	Himmel, hoch
ag (sum.)	=	kundtun.

Der Name des größten Tumulus in Carnac oder die Namen aller Tumuli der Betragne lauten:

galgal von

gal • gal (sum.)	=	sehr groß oder
gal • gál (sum.)	=	groß seiend.

---

3. Es fällt auf, daß der größte Tempel in Altägypten „Karnak" den gleichen Namen tägt, wie in der Bretagen.

Tabelle 3/2: Ortsnamen für Europa aus dem Sumerischen oder Baskischen (Schweiz)

Ort	Sumerisch	Deutsch	Bemerkungen
Uri	uri	Land	Kanton
Chur	kur	Berg, Gipfel	Stadt
Calanda	cal = kal an da	stark, mächtig hoch Seite, ausge- dehnt	bei Chur
Maladers	ma lá adar, agar	Land Fülle Flur	bei Chur
Arosa	á ru sa	Umfassung befestigen sich an etwas anlehnen	offenbar eine Beschreibung der Lage des Ortes

Tabelle 3/3: Ortsnamen für Europa aus dem Sumerischen oder Baskischen (Südtirol)

Ort	Baskisch	Deutsch	Bemerkungen
Ortler	or, ort, hort	Wolke, Donner	
Arzkar	arri	Stein	im Ultental
	z	Eine Form von	Abchasisch ist
		„sein" oder	eine Sprache,
	z = c	die Begleitung	die zur sum.-
	(abchasisch)	ausdrückend	bask. Sprach-
	kar	Wall	familie gehört
	karri	Eis	
Zufritt-(Spitze)	zuri, šuri	weiß	am Ende des Ultentals
Etsch	eš	Wasser	

Tabelle 3/4: Ortsnamen für Europa aus dem Sumerischen oder Baskischen (Griechenland)

Ort	Sumerisch	Deutsch	Bemerkungen
Parnas	Par na áš	glänzend Himmel, hoch der Eine (Gott) mit Macht	
Olympia	al ib i á	schützen Zorn Erhabenheit Macht, Kraft	gesprochen: Olibia
Kalamata	kalam a ta	Land Wasser Seite; an	
Mani	ma ni	Land Furcht	Halbinsel
Maina	ma na	Land Stein, hoch	ai im Griechischen „ä" gesprochen

Literaturverzeichnis

Literatur zu 1

1/1   Wirth, Hermann: Die Heilige Urschrift der Menschheit. Leipzig 1931.

1/2   Lichtenauer, Gerd: Steinerne Spuren der Räter im inneren Ultental. In DER SCHLERN 69/1995 Heft 6. Bozen.

1/3   Delitzsch, Friedrich: Sumerischer Glossar. Leipzig 1914.

1/4   Deussem, Paul: Sechzig Upanishad's des Veda. Leipzig 1897/1980.

1/5   Harger, Rainer: Das Feuer der Menhire. Sendung des ARD/ZDF am 18.8.1992. Regie Peter Goedel. Manuskript erhältlich.

1/6   Bouda, Karl: Die Beziehung des Sumerischen zum Baskischen, Westkaukasischen und Tibetischen. Leipzig 1938.

1/7   Carnac, Pierre: Geschichte beginnt in Bimini. Olten 1978.

1/8   Woolley, Leonhard: Mesopotamien und Vorderasien. Baden-Baden 1962.

1/9   Malz, Friedrich: Kreta und frühes Griechenland. Baden-Baden 1964.

Literatur zu 2

2/1   Hueck-Dehio, Else: Tipsys sonderbare Liebesgeschichte. Heilbronn 1959.

2/2   Rother, Frank u. A.: Die Bretagne. Köln 1984.

2/3   Charpentier, Louis: Das Geheimnis der Basken. Herrsching 1986.

2/4   Schuchardt, Hugo: Primitiae Languae Vasonum. Einführung in das Baskische. Tübingen 1968.

2/5   Delitzsch, Friedrich: Kleine Sumerische Sprachlehre. Leipzig 1914.

2/6   Ehrenreich, Paul: Sprache der Araguaia-Indianer. Berlin 1891.

2/7   Mann, Golo und
      Alfred Heuß (Hrsg.): Propyläen Weltgeschichte. Bd.2. Frankfurt am Main 1962.

2/8   Stucken, Eduard: Polynesisches Sprachgut in Amerika und in Sumer. Leipzig 1927.

2/9   Diedrich, Waldemar: Frag mich nach Pommern. Leer 1987.

Literatur zu 4

4/1 Braem, Harald: Das Magische Dreieck. Stuttgart und Wien 1992.
4/2 Champdorf, Albert: Das Ägyptische Totenbuch in Bild und Deutung. Bindlich 1994.
4/3 Ausstellungskatalog: Glanz und Untergang des Alten Mexiko. Mainz 1986.

Literatur zu 5

5/1 Chalfant, Frank, H. und Britton, Roswells: The Couling – Chalfant Collection of Inscribed Oracle Bone. Shanghai 1935.
5/2 Wilke, Georg: Südwestliche Megalithkultur und ihre Beziehung zum Orient. Würzburg 1912.
5/3 Földes-Papp,Karoly: Vom Felsenbild zum Alphabet. Stuttgart 1966.
5/4 Petrie,W.M.Flinders: The Formation of the Alphabet. London 1912.
5/5 Ball, C.J. und D. Litt: Chines und Sumerian. London 1913.
5/6 Brunner, Linus und Alfred Toth: Die rätische Sprache – enträtselt. St. Gallen 1987.
5/7 Schumacher, Stefan: Neue „rätische" Inschriften aus dem Vintschgau. In: DER SCHLERN 68/194, Heft 5.
5/8 Die Räter i Reti, ARGE ALP, Bozen 1992.
5/9 Faulmann, Carl: Das Buch der Schrift. Wien 1880, Neudruck Nördlingen 1989.
5/10 Frei, Benedikt und Regula Frei-Stolba u. a.: Das Räterproblem in geschichtlicher, sprachlicher und archäologischer Sicht. Chur 1984.

Literatur zu 6

6/1 Reden, Sibylle von: Die Megalithkulturen. Köln 1982.
6/2 Hülle, Werner: Steinmale der Bretagne. Ludwigsburg 1967.
6/3 Lichtenauer, Gerd: Geheimnisvolles in der Menschheitsgeschichte. Germering 1991.
6/4 Wirth, Hermann: Die Heilige Urschrift der Menschen. Leipzig 1931.
6/5 Reden, Sybille von: Auf den Spuren der ersten Griechen. Köln 1981.
6/6 Pörtner, Rudolf/Niegel, Davies: Alte Kulturen der neuen Welt. Düsseldorf und Wien 1980.
6/7 Baumann, Peter: Valdivia, Die Entdeckung der ältesten Kulturen Amerikas. Hamburg 1978.

6/8   Grimal, Pierre: Mythen der Völker, Bd. I. Frankfurt am Main 1977.
6/9   Sitchin, Zecharia: Stufen zum Kosmos. Gütersloh 1982.
6/10 Peturi, Felix: Zeugen der Vorzeit. Düsseldorf und Wien 1976.
6/11 Illig, Heribert: Die veraltete Vorzeit. Frankfurt am Main 1988.
6/12 Fest, Richard: Die Steinzeit liegt vor der Tür. München 1981.

Literatur zu 7

7/1   Herodot: Historien. Stuttgart 1971.
7/2   Sitchin, Zecharia: Stufen zum Kosmos. Gütersloh 1982.
7/3   Tompkins, Peter: Cheops. Bern, München, Wien 1978.
7/4   Berlitz, Charles: Spurlos. Wien, Hamburg 1977.
7/5   Stadelmann, Rainer: Die ägyptischen Pyramiden. Darmstadt 1985.
7/6   Hoch, Werner: Es fing nicht erst mit Noah an. München 1991.
7/7   Schüssler, Karlheinz: Die ägyptischen Pyramiden. Köln 1983.
7/8   Zehren, Erich: Der gehenkte Gott. Berlin 1959.
7/9   Zink, David: Von Atlantis zu den Sternen. München 1978.
7/10 Hancock, Graham: Die Spuren der Götter. Bergisch Gladbach 1995.

Literatur zu 8

8/1   Hahn, Hermann-Michael: Erde, Sonne und Planeten. Köln 1978.
8/2   Krassa, Peter und Reinhard Habeck: Das Licht der Pharaonen. München 1992.
8/3   Ausstellungskatalog: Der Garten Eden". Mainz 1978.
8/4   Temple, Robert K.G.: Das Sirius-Rätsel. Frankfurt am Main 1977.
8/5   Glenk, Dr. Wilhelm und Sven Neu: Enzyme. München 1990.

Literatur zu 9

9/1   Tollmann, Alexander und Edith Tollmann: Und die Sintflut gab es doch. München 1993.
9/2   Konrad, Karl: Die Edda des Snorri Sturluson. Mühlhausen in Thüringen 1926.
9/3   Lichtenauer, Gerd: Troja, die germanische Ursage. Germering 1993.
9/4   Süddeutsche Zeitung vom 21.02.1996.

Index

—A—

—B—

—C—

—D—

—H—

—I—

166

—J—

—K—

—L—

—M—

—N—

—O—

—P—

—Q—

—R—

—S—

—T—

—U—

—V—

—W—

—Z—